Educação, Teatro e
Matemática Medievais

Coleção ELOS
Dirigida por J. Guinsburg

Equipe de realização — Revisão: L. Jean Lauand e José Gabriel P. Madureira; Programação visual: A. Lizárraga; Produção: Plinio Martins Filho.

Luiz Jean Lauand

Educação, Teatro e Matemática Medievais

Org., Trad. dos originais latinos, Notas e Estudos Introdutórios de L. Jean Lauand.

Prefácio: Prof. Dr. Ruy Nunes.

EDITORA PERSPECTIVA

**Dados de Catalogação na Publicação (CIP) Internacional
(Câmara Brasileira do Livro, SP, Brasil)**

E26   Educação, teatro e matemática medievais / organização, tradução dos originais latinos, notas e estudos introdutórios de L. Jean Lauand ; prefácio Ruy Nunes. — São Paulo : Perspectiva
1986.

(Coleção elos ; 45)

1. Educação medieval 2. Matemática medieval 3. Teatro medieval I. Lauand, L. Jean, 1952- II. Série : Elos ; 45.

CDD-370.902
-510.902
86-0686   -872.03

Índices para catálogo sistemático:

1. Educação medieval : História 370.902
2. Idade Média : Educação : História 370.902
3. Matemática medieval 510.902
4. Teatro medieval 872.03

2.ª edição
revista e ampliada

Direitos reservados à
EDITORA PERSPECTIVA S.A.
Avenida Brigadeiro Luís Antonio, 3025
01401-000 - São Paulo - SP - Brasil
Telefone: (011) 885-8388
Fax: (011) 885-6878
1994

A Josef Pieper.
A Yvonne Cury.

SUMÁRIO

Prefácio — Dr. Ruy Nunes 9
Prólogo 13
Dados Bibliográficos dos Originais 17
Abreviaturas 18
Introdução: Atualidade da Pedagogia Medieval 19

I.   TEATRO MEDIEVAL: A PEÇA "SABEDORIA" DE ROSVITA DE GANDERSHEIM
    1. Estudo Introdutório 27
    2. "Sabedoria" 45

II. MESTRE E ALUNO NO SÉCULO VIII: O "DIÁLOGO ENTRE PEPINO E ALCUÍNO"
    1. Estudo Introdutório 71
    2. "Diálogo entre Pepino e Alcuíno" 79

III. MATEMÁTICA E ENSINO DE MATEMÁTICA NOS PRIMEIROS SÉCULOS MEDIEVAIS
    1. "Sobre as Figuras Geométricas" (Atribuído a Boécio) 91
       Apresentação dos Problemas Aritméticos Medievais 95
    2. "Problemas para Aguçar a Inteligência dos Jovens" de Pseudo-Beda, o Venerável 97
       Comentários do tradutor aos Problemas 104
    3. Textos Geométricos de Gerberto ("Cálculo da Área do Círculo" e "Carta a Adelboldo") 107
    4. "Problemas de Aritmética" de Pseudo-Beda, o Venerável 111

IV. DHUODA E O "MANUAL PARA MEU FILHO"
    1. Estudo Introdutório 121
    2. "Manual para meu Filho" 127

V. UMA POESIA MEDIEVAL: O AVE VERUM CORPUS NATUM
    Estudo Introdutório e Texto 139

NOTA PARA A 2.ª EDIÇÃO

A boa acolhida dada à 1.ª edição deste livro estimulou-nos a ampliá-lo incluindo novos textos: passagens escolhidas do *Manual para o meu Filho* de Dhuoda, tratado clássico de Educação, e um estudo sobre o *Ave verum corpus natum* (do século XIV, mas que conserva características típicas da primeira Idade Média).

Desse modo, podemos apresentar ao leitor outras constantes medievais como o gosto pelas etimologias e acrósticos.

Para a seleção dos textos do *Manual* contei com a valiosa ajuda da Prof.ª Silvia Gasparian Colello, que colaborou também na tradução dos capítulos VI.2 e X.2 da obra de Dhuoda.

Luiz Jean Lauand, julho de 1990

PREFÁCIO

A Idade Média é um período histórico a ser estudado como qualquer outro, ou seja, com a seriedade que convém à pesquisa da ciência histórica e à comunicação dos seus resultados. Sabe-se, no entanto, que a Idade Média foi um período malsinado por muitos estudantes, vítimas de um ensino sectário que propositalmente o tisnava, devido a montanhosos e pérfidos preconceitos, oriundos principalmente da animadversão à Igreja Católica que se tornou na Europa nascente, após a derrocada do Império Romano do Ocidente, a nutriz e a educadora das nações modernas. Após o surgimento da ciência histórica, porém, assistiu-se a um enfrentamento cultural admirável do legado de antanho, tomou ímpeto a investigação histórica do passado europeu, e desenvolveu-se, do fim do século XIX aos nossos dias, intenso trabalho de reabilitação histórica do milênio medieval, que tem trazido à luz as fontes e os monumentos de uma civilização original que lançou os pródromos das nações contemporâneas, e assentou um patrimônio de que ainda hoje se vale a sociedade do mundo ocidental. Datam da Idade Média as línguas faladas na Europa, nas Américas, e em outras partes do mundo, os sindicatos provenientes das corporações, a catedral, o parlamento, o júri, e as universidades, para citarmos as suas criações mais salientes.

No domínio da História da Educação não se pode aquilatar devidamente o sentido e a orientação da escola e da pedagogia modernas, sem se levarem em conta as concepções, os métodos e as instituições que brotaram e cresceram durante as centúrias medievais. Daí a importância do estudo da Educação na Idade Média em qualquer escola formadora de professores, uma vez que estes devem adquirir cultura profissional, e a nítida consciência do legado que herdaram, que devem conhecer, honrar, e enriquecer na sua particular situação histórica. O primeiro passo nesse estudo é o conhecimento de boas obras de referência, e o passo ulterior, mais frutífero e satisfatório, é o contato com as próprias fontes, os documentos do pensamento e da vida do homem na Idade Média. Todavia, como nem todos podem ter acesso a essas obras fundamentais, é muito importante que o estudioso possa, ao menos, lhe apreciar alguns lanços significativos, o que se consegue através da leitura de boas antologias, como as existentes nas principais línguas modernas. Aqui no Brasil já se iniciou, em várias áreas dos estudos históricos, a composição desses benéficos florilégios, e é exatamente uma obra desse quilate que o Prof. Luiz Jean Lauand elaborou para o bom aproveitamento do aprendizado da História da Educação Medieval. O seu trabalho é meritório e louvável, uma vez que procurou traduzir com esmero alguns textos educacionais completos do período monástico da educação, na primeira parte da Idade Média, no mesmo passo em que exornou a sua apresentação com prestimosas introduções, em que se aprecia o papel de relevo desempenhado pela sua formação de matemático.

A leitura dos textos sobre *Educação, Teatro e Matemática Medievais* será grandemente proveitosa aos estudantes de História da Educação e a qualquer pessoa interessada no conhecimento do passado humano. Faço votos para que esse trabalho prossiga, e viceje na tradução de outros textos, que desvendem a fisionomia mais animada e bela da cultura medieval.

Ruy Nunes

PRÓLOGO

A tradução dos textos medievais que apresentamos a seguir, surgiu como necessidade do curso de História da Educação que, em colaboração com a Prof.ª Cynthia Vilhena e com a Prof.ª Silvia Gasparian, temos ministrado na Faculdade de Educação da Universidade de São Paulo.

No Brasil, o estudioso da Idade Média não dispõe de muitas traduções de textos da época, onde mesmo os originais latinos ou estudos estrangeiros são de difícil acesso em nosso meio.

Felizmente, a presença do Dr. Ruy Nunes ao longo de tantos anos na FEUSP facilitou o contato com essa temática por todo seu fecundo trabalho de docência, pesquisa e publicações, de que tanto temos nos beneficiado.

Os critérios de que nos valemos ao selecionar, entre as centenas de obras medievais, as que oferecemos ao leitor, foram:

— Textos breves e completos que não supusessem pré-requisitos especializados no leitor contemporâneo,

afora os que são proporcionados pelos estudos introdutórios a cada texto e pelas notas.
— Textos sugestivos onde a visão do mundo, o ensino e a matemática da época venham veiculados através da viveza do teatro, do diálogo mestre-aluno, dos problemas aritméticos e enigmas propostos aos alunos das escolas monásticas medievais.

Todos os textos aqui recolhidos são daquela primeira Idade Média, anteriores, portanto, ao "Renascimento do século XII".

Começamos com a peça *Sabedoria* de autoria da monja Rosvita de Gandersheim, importante marco na história do teatro universal. Esta peça tem a vantagem adicional de trazer (embutida na Cena III) uma autêntica aula de matemática da época, unindo o teatro ao ensino.

Em seguida, apresentamos o *Diálogo entre Pepino e Alcuíno*, onde o grande mestre Alcuíno conversa com o filho de Carlos Magno, respondendo ao menino sobre os mais variados temas, todo um compêndio da visão do mundo e da pedagogia da época.

Finalmente, textos de matemática e de ensino de matemática: desde a rudimentar *Geometria* de Boécio até os curiosos problemas de aritmética utilizados nas escolas monásticas.

O latim medieval, como se sabe, é *sui generis*. Para se avaliar até que ponto traz dificuldades, a edição Migne da peça de Rosvita contém um glossário latim-latim, explicando o significado de diversos termos típicos do século X.

Não nos atreveríamos, portanto, a trazer a público estas traduções, se não fosse a dedicação do Dr. D. João Mehlmann O.S.B. que reviu os originais e sugeriu-nos valiosas notas. A ele, nosso especial agradecimento. Também ao assessor da Editora da Universidade de São Paulo, nossa gratidão pela acurada revisão e sugestões. Naturalmente, este trabalho não seria realizado sem o estímulo e a acolhida por parte de nossos alunos e colegas da FEUSP, a quem sinceramente agradecemos. De modo particular, ao Dr. Nicolas Boer.

DADOS BIBLIOGRÁFICOS DOS ORIGINAIS

Os textos que integram este volume, são:

I. *Sabedoria*, peça de teatro de Rosvita de Gandersheim (século X). Título original: *Sapientia*, encontra-se em *PL* 137, 1045-1062.

II. *Diálogo entre Pepino e Alcuíno*, discussão entre aluno e mestre sobre o homem e o mundo. Vem recolhido entre as obras de Alcuíno (séculos VIII-IX). Título original: *Pippini regalis et nobilissimi juvenis disputatio cum Albino scholastico*, encontra-se em *PL* 101, 975-980.

III. *Matemática e Ensino de Matemática Medieval*:

3.1 *Sobre as Figuras Geométricas*, é a tradução do Capítulo "De figuris geometricis" da *Geometria* de Boécio (séculos V-VI) (na realidade, é uma obra da época, baseada na *Geometria* de Boécio). Utilizamos, para a tradução, a edição do *Ars Geometrica (quae fertur Boetii)* que se encontra em *Boetii*, Edit. Godofredus Friedlein, Lipsiae, in aedibus B.G. Teubneri, 1867, pp. 389-393.

3.2 Seleção de *Problemas para Aguçar a Inteligência dos Jovens*. Tradução de problemas com as respectivas soluções do Pseudo-Beda, o Venerável (Beda, século VIII). Título original: *Propositiones ad acuendos juvenes*, encontra-se em *PL* 90, 667-676 (cotejamos com Pseudo-Alcuíno, a quem se atribui uma lista semelhante, in *PL* 101, 1143-1160).

3.3 *Carta de Gerberto a Adelboldo*, sobre o cálculo da área do triângulo. Valemo-nos da "Letter to Adalbold", in *The letters of Gerbert*, transl. by H.P. Lattin, Columbia Univ. Press, New York, 1961, pp. 299-302 (cotejamos com a edição em língua original mas de texto menos completo de *PL* 139, 151-154). Gerberto (séculos X-XI).

3.4 *Proposições Aritméticas*. Título original: *De Arithmeticis Propositionibus*, Pseudo-Beda, in *PL* 90, 665-668. Neste caso, suprimimos algumas supérfluas repetições do original.

Trata-se de textos completos. As duas únicas exceções, 3.1 e 3.2, apesar de parciais, são textos de certo modo completos, pois, num caso, é uma seleção de problemas; no outro, um capítulo autônomo e completo.

Abreviaturas

Nas citações, utilizaremos as seguintes abreviaturas usuais:

PL = Migne (ed.) — *Patrologiae cursus completus, series latina.*

PLS = Suplemento da *PL.*

PG = Migne (ed.) — *Patrologiae cursus completus, series graeca.*

CCL = Brepols (ed.) — *Corpus Christianorum, series latina.*

INTRODUÇÃO:
ATUALIDADE DA PEDAGOGIA MEDIEVAL

Régine Pernoud, a conhecida medievalista francesa, comparou certa vez, a possibilidade de abertura proporcionada pelo genuíno estudo de história com a que se pode obter pelas viagens: em ambos os casos nos deparamos com "o outro", distante de nós no tempo ou no espaço.

E esse encontro nos coloca em situação de reparar em tantos aspectos do nosso modo de ser e de ver o mundo que julgávamos universais mas que — para nossa surpresa — mostram-se próprios de nosso meio ou época. Como também, com igual surpresa, deparamo-nos com experiências humanas que por coincidirem com as nossas (*mutatis mutandis*, é claro) nos revelam que não somos tão originais como pensávamos.

E assim, viajando ou estudando história, temos a possibilidade de abrir-nos, de superar um pouco os limites mais ou menos estreitos de nosso "bairro" de espaço e tempo, a possibilidade de enriquecer-nos como homens através de uma melhor compreensão da realidade do mundo e também de nós mesmos. Claro que nos referimos a uma *possibilidade*, pois, de *per si*, nem as viagens nem os estudos históricos podem realizar essa abertura. Para tanto requer-se além disso, e, principalmente, uma atitude interior de compreensão e acolhimento.

Pois pode acontecer, que o efeito desse contato com o "outro" seja até mesmo um maior fechamento e provincianismo. Todos conhecem algum exemplo: o novo-rico que volta da Europa e ao projetar os *slides* para os amigos vai manifestando sua indignação ante aquelas "velharias caindo aos pedaços".

Algo semelhante ao que se passa com tantos turistas, pode dar-se também quando se trata do contato com o "outro" no tempo, com o estudo de história: embotamento, superficialidade e incapacidade de compreensão (o que pode perfeitamente ocorrer também com eruditos estudiosos).

No caso da história, o "outro" é ainda menos visível e os cicerones — no caso, livros e professores — nem sempre sabem dirigir a atenção àquilo que realmente interessa, conduzindo-nos antes a apressadas correrias superficiais pelos estereotipados "pontos turísticos" da história sem que captemos nada de significativo. Ou, ainda pior, levando-nos a lojas com ele aconchavadas e onde a mercadoria é falsificada e o preço exorbitante.

Todos esses empecilhos que ameaçam comprometer o estudo de qualquer período histórico, parecem manifestar-se mais acentuadamente quando se trata da Idade Média. O medieval é — assim se expressa o preconceito — a obscuridade, a ignorância, o desprezível. Por isto, procuraremos lembrar alguns aspectos ligados aos primeiros séculos medievais e que o estudioso da história da cultura e da educação da época deve ter em conta.

Alguns poucos aspectos que nos farão por um lado apreciar as diferenças daqueles séculos em relação ao nosso e, por outro (o que poderá surpreender a muitos...!), as semelhanças da problemática educacional medieval com a brasileira contemporânea.

Primeiramente, as diferenças. Aí é especialmente importante a tarefa de abrir-se ao outro, procurar apreendê-lo tal qual é e não como se tivesse de agir, pensar e ver o mundo com critérios que *hoje* nos são conaturais.

Assim, antes de emitirmos juízos sumários sobre por exemplo a ciência medieval devemos procurar compreender os condicionamentos, mentalidade e motivações próprias da época.

Superando por exemplo nossa errada tendência a só dar valor a inovações e progressos técnicos sofisticados que nos impressionam: computadores, raio *laser* etc...

A propósito dessa distorção, consideremos algo para nós tão corriqueiro e irrelevante como efetuar uma conta de divisão. Por exemplo, dividir 3 878 por 88. Valendo-nos do algoritmo usual (para não falar em calculadoras...) é questão de segundos: dá 44 e resto 6.

$$\begin{array}{r|l} 3\,878 & 88 \\ 358 & 44 \\ 6 & \end{array}$$

Contudo, sem os nossos algarismos chamados arábicos, qual a viabilidade de se fazer o mesmo: comportam os algarismos romanos algum algoritmo para as operações?

MMMDCCCLXXVIII | LXXXVIII,

tem algum sentido isto?

Para nós, hoje, com imprensa, xerox etc., pode não ser imediatamente evidente a descomunal importância da letra minúscula que permite a escrita cursiva; ou o significado do paciente trabalho de cópia nos mosteiros medievais; ou ainda, o imenso alívio que representou a introdução do nosso atual sistema de algarismos.

Tenha-se em conta também que, no caso da evolução da cultura, não contam só os fatores ligados a recursos técnicos, mas também, e principalmente, a mentalidade: que atitude terão uns bárbaros analfabetos instalados no espaço do ex-Império Romano? Que farão eles por exemplo com os livros?

E não se trata só do que farão, mas do que podem fazer. Que acesso físico (obter o livro), motivacional, de língua etc., têm ostrogodos e visigodos à cultura clássica?

Este é o ponto em que a problemática pedagógica medieval se revela de plena atualidade. Pois, quem contempla hoje a situação educacional brasileira, repara imediatamente que o ostrogodo é uma realidade atual, atualíssima.

O risco hoje, tal como no século VI, é o do desaparecimento da cultura que tem suas origens na Grécia e em Roma e que plasmou o Ocidente. Quem lê hoje

Platão, Virgílio, Dante, Cervantes, Shakespeare? Quem estuda Geometria, os teoremas de Geometria?

No caso da experiência medieval, a cultura antiga salvou-se. Graças a um trabalho de imenso valor mas que nós hoje não sabemos apreciar. Um trabalho humilde (e, necessariamente, pouco original) de aprendizado elementar. Um trabalho de preservação, de salvação da cultura antiga, conservando-a sob a forma de "minúsculas sementes que iriam sofrer longo e demorado processo germinativo em solo novo" (Pieper). E graças à disposição de aprender não totalmente ausente nos ostrogodos.

E graças ainda a educadores com grande visão pedagógica. A título de exemplo consideremos o caso de Boécio.

Boécio elabora essas sementes para a Idade Média. Boécio é um romano que conhece a fundo a cultura grega e que percebe que o esplendor cultural do mundo antigo passou: a realidade agora são os ostrogodos!

Para se compreender a situação de Boécio no reino ostrogodo de Teodorico no início do século VI, imagine-se, hoje, um brilhante *scholar* europeu, destacado em todas as áreas do pensamento, tendo que lecionar num supletivo de 1.º grau em Cochabamba.

Boécio, no entanto, percebe o que deve ser feito: só se pode salvar a cultura em épocas de crise como a que ele viveu adaptando-a às condições dos bárbaros.

E ele assume a tarefa de selecionar, traduzir, dar em forma de bê-a-bá os grandes tesouros culturais da Antiguidade. Por exemplo, parte explícita de seu projeto era a tradução de todas as obras de Platão e Aristóteles, projeto interrompido pela trágica morte.

Escreveu tratados de Música, Aritmética e Geometria (*De Institutione Geometrica*), entre outros.

No caso exemplar da Geometria, ainda que o original boeciano se tenha perdido, resta-nos o *Ars Geometrica* (durante muito tempo atribuído a Boécio e que provavelmente é pouco posterior ao *De Institutione* e nele se apóia), que, seja como for, reflete sem dúvida o espírito (e talvez a letra) do "último romano e primeiro escolástico".

Trata-se de uma resumo das definições e proposições de Euclides em tradução latina. No começo do livro II, encontramos uma sentença que sintetiza maravilhosamente todo o projeto de salvação cultural boeciano: "Quamvis succincte tamen dicta sunt", isto é, apresentei-vos a Geometria de modo sucinto e facilitado, mas a apresentei.

São as tais sementes secas: a gloriosa Geometria de Euclides, maltratada, resumida, exposta sem sua parte mais nobre, as demonstrações: precisamente o que Boécio mais prezava! Mas, graças a isso, precisamente por isso, salva-se no Ocidente a própria Geometria: não havia outra opção de salvação!

Quem pensa na situação do próprio ensino de Geometria hoje, no Brasil, ou na do de Literatura ou História etc., se tiver um pouco de amor a essas matérias, sentir-se-á imediatamente muito próximo de Boécio, irmanado com ele. E talvez o imagine sorrindo diante de projetos pedagógicos contemporâneos como o dos *Great Books*, ou o dos concertos populares em Shopping Centers.

Pelo menos Boécio — como ele mesmo diz — traduzia à risca e selecionava o melhor que os seus bárbaros alunos podiam assimilar. Há neste sentido a curiosa passagem do *Ars Geometrica* — que apresentamos em 3.1 — onde se vê claramente emergir o espírito do Boécio "grego": um parágrafo onde, como num desabafo, o autor pede licença aos ostrogodos leitores para fazer demonstrações de teoremas, três apenas, e dos mais fáceis (as três primeiras proposições do livro I de Euclides) a fim de não deixá-los numa treva tão total e, algum dia, as sementes poderem florescer: que se saiba pelo menos o que é demonstrar um teorema e que isso é belo, importante e formativo.

Graças a esse trabalho humilde e sacrificado, assumido conscientemente por quem tinha talento para muito mais, a Matemática preservou-se no Ocidente e pôde manter-se até o século X, quando recebe novo impulso com Gerberto e, a partir dos séculos seguintes, desenvolver-se mais e mais.

Considerando isso, é o caso de perguntarmo-nos se não haverá na história da educação medieval (da qual destacamos aqui apenas mínimos aspectos) muita matéria de reflexão quando se a capta autenticamente.

Mas para isso é necessário abrir-se, captar o "outro", como um viajante que chega a uma terra distante com os olhos abertos para aprender, com a mesma diligência com que procuramos captar e compreender detalhes do modo de ser de uma pessoa a quem amamos.

I. O TEATRO MEDIEVAL: A PEÇA "SABEDORIA" DE ROSVITA DE GANDERSHEIM

A. Dürer, A monja Rosvita apresenta um livro a Otão I. (Kupferstichkabinett, **Berlim**).

1. ESTUDO INTRODUTÓRIO *

1. COMPREENDER A IDADE MÉDIA

O teatro medieval — como também a Idade Média em geral — continua pouco conhecido. Conhece-se, sim, o teatro grego, o latino e o moderno; o medieval, não.

Quem por exemplo — apesar de sua extrema importância histórica, como mostraremos a seguir — já ouviu falar da peça *Sabedoria* e de sua autora, a monja Rosvita de Gandersheim[1], beneditina do século X?

Inacessibilidade do latim? Ingenuidade do enredo? Ou, talvez, o ainda arraigado preconceito que leva a ignorar tudo que é medieval, pelo mero fato de sê-lo.

No entanto, quem superar a ignorância do preconceito e com um pouco de abertura, fizer o esforço de compreensão, para vencer a barreira de 1000 anos de

---

* Ao longo deste estudo, citaremos a peça indicando em romano a cena e em arábico a fala. Assim, por exemplo, III, 17 é a 17.ª fala da Cena III.

1. Autores diversos grafam de modos variados o nome Rosvita: Rosvita, Hrotsvitha, Hrotsvita, Roswitha etc.

distância, deparará com um mundo diferente e inesperado.

Assim, lendo (ou assistindo a...) esta peça com mentalidade de superar nossos padrões e captar o "outro", seremos conduzidos pela mão de uma monja a uma sala de aula do século X para aprendermos "ao vivo" os conceitos fundamentais da Aritmética da época; depararemos com um tempo onde reina o popular, com seus vivos contrastes; com mulheres cultas e esclarecidas; com um delicioso senso de humor e com uma encantadora simplicidade..., se formos capazes de abrir-nos ao "outro".

O "outro", no caso, é o século X, a monja Rosvita da abadia de Gandersheim.

2. ROSVITA E O RESTABELECIMENTO DO TEATRO NO OCIDENTE

Rosvita é figura de extraordinária importância para a história do teatro: trata-se de nada menos do que do restabelecimento da composição teatral no Ocidente!

E é que, desde os primeiros séculos, os espetáculos em geral e o teatro em particular (dado o modo como se realizava o teatro romano...) eram vistos por muitos cristãos com desconfiança. Isso reflete-se, por exemplo, no *De spectaculis* de Tertuliano, escrito aí pelos começos do século III:

> O Teatro é, sem tirar nem pôr, o santuário de Vênus. Daí golfou a impureza por esse mundo além... O que é mais próprio e peculiar da cena, a malícia do gesto e dos requebros

corporais — disso fazem oferenda a Baco e Vênus: à deusa, pelo desbragamento sexual e a Baco, pelas copiosas libações. Cumpre-te ter em asco, ó cristão, as coisas cujos autores não podes deixar de odiar etc.[2].

Sendo o referencial de teatro a "escabrosa" comédia latina de Plauto e Terêncio compreende-se que seja surpreendente que, em pleno século X, o teatro seja reassumido pelos cristãos, por uma mulher, e mais, por uma monja que se propõe imitar Terêncio!

Imitar para inverter! Começa Rosvita o prefácio às suas peças registrando o fato de que há muitos cristãos que, pela beleza formal, lêem Terêncio e assim se mancham com o conteúdo vão e imoral dessas peças. E que, por isso, ela ("eu, a voz forte da abadia de Gandersheim") não se furtará ao trabalho de compor um teatro novo: calcado em Terêncio, mas apresentando valores cristãos (e, acrescentaríamos nós, monásticos):

Muitas vezes enrubesci por ter de escrever a respeito da detestável loucura dos amores ilícitos e de inconvenientes colóquios amorosos, coisas às quais não devemos prestar atenção. Mas se, envergonhada, eu não tratasse desses assuntos, não conseguiria atingir meu objetivo, que é o de celebrar o louvor das almas inocentes. Na verdade, quanto maior parece a sedução dos amantes, tanto maior a glória do auxílio divino

2. TERTULIANO, *Os Espetáculos*, Verbo, Lisboa — S. Paulo, 1974, pp. 99-100. Não se trata somente de rigorismos de um Tertuliano, mas de opinião bastante generalizada: S. Isidoro de Sevilha, por exemplo, refere-se ao teatro como prostíbulo e lupanar. (*Etym.* 1.XVIII c. 42, 2; *PL* 82, 657C).

e mais admirável o mérito dos que triunfam, especialmente quando vence a fraqueza feminina e a força do homem é confundida[3].

Trata-se — diz o grande medievalista Étienne Gilson — do começo do teatro cristão[4].

Schneiderhan afirma que devemos a Rosvita os primeiros dramas compostos na Alemanha[5], no que é complementado pelo crítico Jacques de Ricaumont: as peças de Rosvita "são o mais antigo monumento de todo o teatro europeu"[6].

A "voz forte de Gandersheim" soube perceber que o teatro em si não é mau, soube reconhecer o talento genial de Terêncio; simplesmente propõe correções quanto ao rumo do teatro latino: "non recusavi illum imitari dictando"; soube imitá-lo, substituindo o triunfo do escabroso por uma visão cristã[7].

E Rosvita chega mesmo — para realçar o contraste — a apresentar em suas poesias e peças, cenas que podem parecer escabrosas, sobretudo tendo-se em conta que são compostas por uma monja e para serem ence-

3. ROSVITA, *PL* 137, 973 A. (cit. por Ruy Nunes em seu artigo "A Dramaturga Rosvita", *O Estado de São Paulo*, 24-10-70).

4. GILSON, Étienne. *La filosofia en la Edad Media*. 2.ª ed., Madrid, Gredos, 1972, p. 215.

5. SCHNEIDERHAN, Joh. *Roswita von Gandersheim — die erste deutsche Dichterin*. Bonifatius-Druckerei, Paderborn, 1912, p. 87.

6. RICAUMONT, J. de. "Le théatre de Hrotsvitha". *La Table Ronde* n.º 166, 1961, p. 64.

7. *PL* 137, 972-973.

nadas no mosteiro. Um exemplo entre muitos: na peça *Dulcitius*, Dulcício, governador a serviço do imperador Diocleciano, vai ocultamente à cela onde estão encarceradas as jovens Ágape, Irene e Quiônia que se recusam a abjurar a religião cristã. Nas Cenas II e III Dulcício tinha sido apresentado "cupiens earum amplexibus saturari" ardendo em desejos de saciar-se em abraços das jovens cristãs. Recolhemos um trecho da Cena IV, que tanto lembra a comédia latina, onde Dulcício tenta levar a cabo seu intento:

É de noite, as moças estão na prisão, entoando hinos a Deus enquanto aguardam o martírio. Ao lado do cárcere está o depósito de material de cozinha. As moças começam a conversar:

ÁGAPE: Que barulho é este lá fora?

IRENE: É aquele Dulcício infeliz que entra.

QUIÔNIA: Que Deus nos proteja!

Dulcício por engano (tomado de súbita loucura!) entra no depósito da cozinha e começa a acariciar, abraçar e beijar panelas e frigideiras, tomando-as pelas virgens cristãs que, ao lado, espiam a cena:

IRENE: E esse maluco pensa que está abraçando a nós!

QUIÔNIA: Que ridículo!

Dulcício com a cara e as vestes enegrecidas pela fuligem do fundo das panelas, volta ao palácio e não é reconhecido pelos soldados que o tratam como a um demônio:

SOLDADOS: É a voz de nosso senhor, mas a figura é de diabo etc.[8].

8. *Ibidem*, 993 e ss.

3. A AUTORA

Como diz Jacques de Ricaumont, não possuímos sobre essa ilustre mulher outros dados senão os que ela mesma nos legou nos seus prefácios e cartas: que entrou para o mosteiro de Gandersheim com 23 anos e muito cedo começou a escrever. Nasceu por volta do ano 935 e morreu pouco depois do ano 1000. Foi aluna de sábias monjas como Ricarda e Gerbirga.

Escreveu oito poemas e seis peças de teatro, todos de cunho religioso; além das *Gestas de Otão I* e de *Crônicas de Gandersheim*.

Sua obra obteve os mais altos elogios dos homens mais eminentes de seu tempo.

4. SOBRE O ENREDO DE "SABEDORIA"

É a história de Santa Sabedoria (Santa Sofia) e suas três filhas chamadas Fé (Pístis, em grego), Esperança (Elpís) e Caridade (Ágape) que são denunciadas por Antíoco ao Imperador Adriano, acusadas de praticar a religião cristã. As meninas (de doze, dez e oito anos respectivamente) são interrogadas e, pela persistência na fé, são sucessivamente martirizadas. Por fim, Cristo atende às preces da mãe e a leva para o Céu também.

Essa história não foi inventada por Rosvita; ela simplesmente adaptou para o teatro algo que já há muito tempo existia. Aliás, no século X, celebrava-se liturgicamente a festa das Santas Sabedoria, Fé, Esperança e Caridade. O mais famoso relato do martírio dessas santas — festa do dia 1.º de agosto — procede do célebre contemporâneo de Rosvita, Simeão Metafraste, que é "une sorte d'abbé Migne de l'époque (X.ᵉ siècle)"[9].

Quanto ao problema da existência histórica das quatro santas, Mario Girardi, em recente artigo faz notar a sua ausência nos calendários e martirológios mais antigos o que, junto com outras razões, "dificilmente deixa de levar à conclusão de estarmos diante de uma personificação da Sabedoria divina e das três virtudes teologais"[10].

Em relação às outras versões da história de Santa Sofia, a de Rosvita apresenta alguns pontos originais, como o estabelecimento das idades das meninas em doze, dez e oito anos (doze, dez e nove nos demais relatos). E é que com os números 12, 10 e 8, pode Rosvita desenvolver sua aula de matemática em III, 30-50, que é também algo especificamente rosvitiano. Mas este e outros aspectos originais da monja, desenvolveremos nos tópicos seguintes.

5. A MONASTIZAÇÃO DO ENREDO POR ROSVITA

Ao contrário da versão metafrástica[11], Rosvita dá às suas heroínas certos traços de monjas (embora a ação se passe no século II e, portanto, anterior às instituições monásticas).

---

9. DANIEL-ROPS. *L'Église des Temps Barbares*. Paris, Ed. Arthéme Fayard, ed. 1956, p. 626.

10. GIRARDI, M. Le fonti scritturistiche delle prime recensiones greche della passio di S. Sofia e loro influsso sulla redazione metafrastica. *Vetera Christianorum* 20, 1983, p. 47-48.

11. SIMEÃO METAFRASTE, *PG* 115, 498-514.

Assim, à pergunta do Imperador: "Dize, que vieste fazer entre nós?" (III, 24), Sabedoria responde que veio consagrar as filhas a Cristo; já segundo Simeão Metafraste (e os relatos pré-metafrásticos) era o martírio que ela buscava[12].

Em Rosvita (e só em Rosvita) o martírio não brilha com exclusividade, mas compartilha a primazia com a virgindade consagrada. Sabedoria exorta sua filha: "Desdenha, ó Caridade, as ofertas do Imperador e assim atingirás a alegria sem fim: a refulgente coroa da virgindade sem mancha que tuas irmãs conquistaram" (V, 113). Veja-se também a este respeito a prece final, na Cena IX.

Digno de nota também é o apelo proselitista que Rosvita faz às mães para que encaminhem suas filhas ao mosteiro, pondo na boca da heroína-mãe as seguintes palavras: "Para isto dei-vos o leite materno, com tanto carinho vos nutri: para vos dar ao Esposo celestial, não terreno; para que por vós seja eu digna de ser *sogra do eterno Rei*" (IV, 7).

6. SOGRA DE DEUS?

Utilizando a curiosa expressão "sogra de Deus", Rosvita dá curso à formulação de São Jerônimo, que também visava, e expressamente, animar as mães a fomentar a vocação monástica das filhas: a tradicional idéia de matrimônio espiritual com Cristo pela virgin-

---

12. *Ibidem,* 499 D. Cf. também nota 47 do art. cit. da nota 10.

dade consagrada é estendida — o gosto é muito discutível — para o parentesco indireto.

Referindo-se à vocação das filhas, diz Jerônimo às mães: "Ó mãe, achas ruim que tua filha queira desposar um rei ao invés de um soldado? Ela assim (consagrando-se em virgindade a Cristo) presta-te um grande serviço: tu te tornas sogra de Deus"[13].

Contra tal abuso de linguagem, levantou-se Rufino: pode-se dizer da virgem consagrada que é esposa de Cristo. Agora, a partir daí, chamar a mãe carnal de sogra de Deus é ímpio: "Só te falta agora, ó Jerônimo, chamar de sogro de Deus, o pai da moça; de cunhadas de Deus, suas irmãs; e de nora de Deus Pai, a própria moça"[14].

Tais afirmações de "parentesco" subsistem ainda hoje (talvez sem se reparar que já têm mais de 1500 anos) como por exemplo na "Piada do Gaúcho" contada por Lima Duarte no programa "Som Brasil" de 16.9.84 (Rede Globo)[15].

7. O ALEGÓRICO

Como indicávamos, a história de Santa Sabedoria e filhas é alegórica, "una leggenda"[16]: é, na realidade, a personificação da Divina Sabedoria e das virtudes teologais: Fé, Esperança e Caridade.

---

13. S. JÉROME. *Lettres Choisies,* vol. I, ed. bil., Paris, Garnier, s.d., carta XI, p. 79. Em MIGNE, *PL* 22, ep. 22.

14. RUFINO, "Apologiae Liber Secundus", *PL* 21, 593. A controvérsia patrística neste tema foi-me indicada por D. João Mehlmann.

15. Piada do gaúcho: O gaúcho entra numa festa todo

O caráter alegórico é, aliás, típico de toda estética medieval.

Assim, a Sabedoria não premedita o que vai dizer ante os inimigos de Cristo (III, 2). É o que se lê em Luc. 21,14-15: "...não premediteis...eu vos darei boca e sabedoria a que nenhum dos vossos adversários poderá resistir, etc.").

E a Fé precede a Esperança e a Caridade, tanto na ordem das virtudes quanto no desenrolar da peça.

Esperança — tanto a personagem como a virtude alegorizada — tem seus olhos fixos no futuro e no prêmio (IV, 4; IV, 10; V, 104; etc.)[17].

---

prosa, enfeitado e fanfarrão e, diante do silêncio do mineiro, puxa conversa, gabando-se:

— Vistes a minha espora, tchê?

O mineiro responde: — É...

O gaúcho: — É bonita, não é? Toda de prata! Tô mal de espora, hein tchê? (ironicamente)

E assim continua o gaúcho, gabando a força do seu velho pai ("Tô mal de pai, hein, tchê?"), as virtudes da mulher ("Tô mal de mulher, hein, tchê?"), do cavalo etc. No fim, o mineiro pergunta:

— E a tua irmã?

— A minha irmã foi ser freira... foi ser esposa de Cristo... tô mal de cunhado, hein, tchê?

16. Art. cit. na nota 10, p. 47.

17. Às alunas do 2.º ano da FEUSP em 1984, que elaboraram um sério trabalho sobre esta peça (vide nota 21), devo também esta observação.

Sabedoria é bela e brilhante (III, 7; III, 22 — Sab. 6, 12) e destemida (II, 4 — Prov. 3, 25-26).

A Fé sabe que a idolatria é ridícula insensatez (V, 23 — e por exemplo Sab. 15, 14 e ss.).

O leitor familiarizado com a Bíblia encontrará no texto da peça muitas outras passagens da Sagrada Escritura, alegorizadas ou não.

8. IDADE MÉDIA: O POPULAR

Genuinamente medieval é o caráter popular (insistimos, só quem ignora as fontes medievais pode ainda imaginar essa época como carrancuda; é, pelo contrário, o popular com tudo o que o caracteriza: é a época das charadas e adivinhas, das trovas, do teatro bem a gosto do povo).

Aliás, o próprio preconceito anti-Idade Média traz em si algo de antipopular: a valorização do erudito feita pelo Renascimento[18].

E como se respira o popular em Rosvita! Atente-se por exemplo para as provocações com que as meninas, fazendo careta, desafiam o Imperador (por exemplo, V, 15-25, etc.). E, como sempre se dá no popular, oscila-se do cômico ao trágico e do trágico ao cômico; com enredo simples e emoções vivas. Pode-se talvez até mesmo imaginar, tal como se dá ainda hoje entre a gente simples, que o público participaria animando e aplaudindo as heroínas e manifestando ruidosamente seu desagrado ante a conduta dos vilões.

---

18. Cf. PERNOUD, Régine. *Idade Média — O Que não nos Ensinaram*. Agir, Rio, 1979, Cap. III, pp. 46 e ss.

Nessa mesma linha, afirma Max Geisenheymer que o teatro medieval não se importava muito com o que chamaríamos hoje "efeitos especiais" (como por exemplo a "bomba atômica" em VI, 6) e sim com o realismo dos objetos e cenas do quotidiano: pão, peixe, leite[19].

9. ERAM AS PEÇAS DE ROSVITA REALMENTE ENCENADAS?

Nos parágrafos finais de seu artigo sobre Rosvita, Ruy Nunes discute a questão de se as peças de Rosvita teriam sido realmente encenadas ou se, pelo contrário (é a opinião de Hans Knudsen), seriam meros textos didáticos, nada tendo a ver com teatro[20]. O próprio Ruy Nunes posiciona-se pela primeira alternativa.

Nós, que tivemos ocasião de ver a peça *Sabedoria* representada, e a modo do século X[21], somos de parecer que é totalmente plausível que fossem de fato, na época, encenadas. A própria crítica interna da peça favorece essa opinião: note-se por exemplo que a autora tem a preocupação de que as crianças (e havia meninas de oito, dez e doze anos nos mosteiros...) tenham poucas falas, curtas e fáceis de decorar. Ora, essa preocupação seria supérflua se a peça não fosse realmente ser encenada. Assim enquanto Sabedoria (e demais personagens

---

19. GEISENHEYMER, Max. *História da Cultura Teatral*. Aster, Lisboa, 1961, p. 78.

20. Art. cit. na nota 3.

21. Em 9.11.84, os alunos de História da Educação na Idade Média da FEUSP, encenaram no teatro da Escola de Aplicação a peça *Sabedoria*. A representação encontra-se em videocassete no arquivo do Audiovisual da Faculdade.

adultas) fala muito e muitas vezes, as falas infantis são literalmente proporcionais à idade:

Fé: doze anos, 24 falas

Esperança: dez anos, 20 falas

Caridade: oito anos, 16 falas.

10. UMA AULA DE MATEMÁTICA NO ANO 1000

Como se sabe, o ensino numa primeira fase da Idade Média era ministrado quase que exclusivamente nos mosteiros. E papel importante na educação medieval era desempenhado pelas sete artes liberais (a que se alude em III, 49), uma das quais é a Aritmética.

Com claros propósitos didáticos, Rosvita brinda-nos com uma aula de Matemática da época em III,31 e ss.

Tal como em certos dos atuais telecursos, a aula desaba meio abruptamente sobre o espectador, inserida de maneira pouco natural no contexto (o que a torna mais pura enquanto aula...)

Quando o Imperador pergunta a idade das meninas, Sabedoria aproveita para desenvolver conceitos — fundamentais para a época — extraídos do *De Arithmetica* de Boécio:

número parmente par: que são as nossas potências de 2 (*De Arith. lib.* I, Cap. IX; in *PL* 63, 1085 e ss.);

parmente ímpar: o dobro de um ímpar (*PL* 63, 1087 e ss.);

imparmente par: produto de um ímpar por um parmente par (*PL* 63, 1089);

denominação e *quantidade*: são os fatores de um produto;

número perfeito: é um número n cuja soma de seus divisores (a menos do próprio n) dá n. Se essa soma for maior que n, o número diz-se *excedente*; se menor, *deficiente*.

Rosvita sabe, o que pode surpreender os que ignoram a história da matemática medieval, que 6, 28, 496 e 8128 são perfeitos, bem como o velho critério para geração de números perfeitos:

$p = (2^n - 1) \cdot 2^{n-1}$ será perfeito se $2^n - 1$ for primo.

Se a peça inteira é de muito interesse para a História da Educação, essa "aula" é de extraordinária importância.

Note-se ainda que, para a época, até a Matemática é diretamente referida ao Criador (III,49).

11. FEMINISMO E NOTAS FINAIS

Rosvita é uma espécie de "feminista" da época. Não é por acaso que ela apresenta suas personagens femininas como belas, fortes e cultas, enquanto os homens são rudes e ignorantes. Na peça, as referências masculinas à fraqueza das mulheres ("E acaso a chegada de umas pequeninas mulherzinhas pode causar algum detrimento ao Estado?" I,10; ou "a fragilidade do sexo feminino..." III,10; etc.) só fazem ressaltar o fato de que, para a autora, a mulher em nada fica atrás do homem.

Concepção aliás explícita em Rosvita:

Há um passo da epístola que encima suas *Comédias* e que foi dirigida "aos sábios críticos de sua obra" que não pode ser esquecido. Diz aí Rosvita que reconhece os talentos que Deus lhe deu e não os esconde por falsa modéstia, esperando que através de sua obra, sejam reconhecidos, e que tanto mais ela merece louvor "quanto mulieribus sensus tardior esse creditur", ou seja: quanto se acredita que as mulheres sejam intelectualmente inferiores aos homens[22].

Não nos devemos deixar enganar, quando no seu "Prefácio" ela aparentemente endossa expressões como "feminea fragilitas", "virile robur", ou "mei opusculum vilis mulierculae"[23], pois só os mais ingênuos dentre os homens caem nesse conto.

Aliás, as mais perigosas são as que, como Rosvita, se dizem "frágeis mulherzinhas" mas se sabem "voz forte" que não fica nada a dever a homem nenhum... Faz lembrar outra religiosa, Teresa de Jesus, que não encontra em Espanha homem para enfrentá-la (Santa Teresa, que também repete a cantilena da debilidade feminina). Um pequeno exemplo tirado de suas memórias: "Havia já dois meses que procuravam abrandá-lo (ninguém menos que o governador de Toledo, que recusou a Teresa a licença para fundar seu convento nessa cidade) e ele estava cada dia mais rigoroso. Logo que me vi em sua presença disse-lhe 'que era duro ver mulheres desejosas de viver em sumo rigor... estorvadas por pessoas que longe de viver na mesma austeridade,

22. NUNES, Ruy. Art. cit. na nota 3.
23. *PL* 137, 973.

gozavam de todos os regalos' "[24]. Depois de lhe dizer essas e outras (sic), obteve a licença na hora.

Rosvita conhece toda a cultura secular de seu tempo e também a Teologia: a prece final da Cena IX é todo um compêndio teológico (incluindo a célebre fórmula do Símbolo de Atanásio, "perfectus Deus, perfectus homo" e o famoso qüiproquó (no caso, *quiproquod*) cristológico: "a Ti que não sendo o mesmo que o Pai — assim reza Sabedoria — és igual ao Pai" (non ipse *qui* Pater, sed idem es *quod* Pater). Já em Sedúlio aparece essa controvérsia: "Non quia *qui* summus Pater est, et Filius *hic* est sed quia *quod* summus Pater est et Filius *hoc* est"[25]).

Note-se que as meninas da peça — como é freqüente nos mártires — só morrem pela espada, e não por outros meios. Vieira, em sermão sobre Xavier, destaca uma razão para esse fato: Deus não quer violar os foros do arbítrio (próprio do homem, e não de bestas ou elementos como o fogo e a água — a espada aparece assim como uma extensão do homem).

Observe-se, finalmente, a contribuição cristã, III, 19, quando Santa Sabedoria afirma que a nobreza do sangue é de pouca importância para os cristãos (cf. Col. 3, 11).

---

24 SANTA TERESA. *Fundações*. Cap. XIV.

25. SEDÚLIO. *Paschalis Carminis*. Livro I, v. 319-320; *PL* 19, 586. Também esta nota devo a D. João Mehlmann.

2. "SABEDORIA"

Enredo da peça: Paixão das santas virgens Fé, Esperança e Caridade. Foram levadas à morte pelos diversos suplícios a que as submeteu o Imperador Adriano em presença da sua santa mãe, Sabedoria, que, com seus maternos conselhos as exortou a suportar os sofrimentos.

Consumado o martírio, sua santa mãe, Sabedoria, tomou de seus corpos e, ungindo-os com bálsamo, deu-lhes sepultura de honra a três milhas de Roma. Ela, por sua vez, no quarto dia, após a oração sacra, enviou também seu espírito ao céu[1].

PERSONAGENS: Antíoco, Adriano, Sabedoria, Fé, Esperança, Caridade e Matronas.

CENA I

ANT.: Desejando vivamente que tenhas, ó Imperador Adriano, grande poder, florescendo em próspero

---

1. Três milhas de Roma... quarto dia; preferimos esta tradução ainda que a apresentação original diga: cinco milhas de Roma e quadragésimo dia (o que contradiz VIII, 7 e IX, 9; por onde se vê que houve erro nesta apresentação).

sucesso, e que possas imperar sem perturbações e triunfante, anseio por que seja erradicado e, o quanto antes, completamente despedaçado, tudo quanto julgo que possa abalar o Estado ou ferir a tranqüilidade do espírito.

ADR.: E com razão o fazes, pois nossa prosperidade é também a tua felicidade, já que continuamente temos te honrado com os mais altos graus de dignidade.

ANT.: Regozijo-me com vossa benignidade. E se sei que se levanta algo que possa opor-se a seu poder, não o oculto, mas sem demora o declaro.

ADR.: E com razão. Não se dê o caso de seres acusado de crime de lesa-majestade, por ocultar o que não deve ser ocultado.

ANT.: Nunca fui culpado desse tipo de falta.

ADR.: Bem sei! Mas, apresenta o que tens de novo.

ANT.: Trata-se de certa mulher estrangeira que chegou recentemente a esta cidade acompanhada de suas três criancinhas.

ADR.: De que sexo são as crianças?

ANT.: Todas são do sexo feminino.

ADR.: E acaso a chegada de umas pequeninas mulherzinhas pode causar algum detrimento ao Estado?

ANT.: E dos grandes, majestade.

ADR.: Qual?

ANT.: O fim da ordem.

ADR.: Como assim?

15 ANT.: O que é que pode perturbar mais a concórdia do povo que a divergência de culto?

ADR.: Nada pior, nada mais grave — como o atesta o orbe Romano — que quase em toda parte é infetado pela imundície da peste cristã.

ANT.: Pois esta mulher de que falo, anda exortando a abandonar os ritos de nossos maiores e induz à prática da religião cristã.

ADR.: Não bastará admoestá-la?

ANT.: E veementemente. Pois nossas esposas, desdenhando-nos, nos desprezam a tal ponto que não se dignam comer conosco e menos ainda dormir conosco.

20 ADR.: De fato, é caso perigoso!

ANT.: Convém que te previnas.

ADR.: De acordo. Que ela seja chamada à nossa presença e verificaremos se ela não quer ceder e voltar atrás em suas posições.

ANT.: Devo chamá-la?

ADR.: Claro que sim!

CENA II

ANT.: Como te chamas, ó estrangeira!

SAB.: Sabedoria.

ANT.: O Imperador Adriano ordena que compareças ao palácio em sua presença.

SAB.: Não tenho receio de, na nobre companhia de minhas filhas, ir ao palácio e não tremo ante a ameaça de defrontar-me cara a cara com o Imperador.

ANT.: A odiosa raça dos cristãos sempre está pronta a resistir às autoridades.

SAB.: Aquele que governa todas as coisas, Aquele que não conhece derrota não permite que os seus sejam vencidos pelo inimigo.

ANT.: Modera teu palavreado e dirige-te ao palácio.

SAB.: Vai na frente mostrando o caminho; nós seguir-te-emos a passo rápido.

CENA III

ANT.: Este que vês no trono é o Imperador. Pensa bem no que vais falar.

SAB.: Isto nos é proibido pela palavra do Senhor que nos prometeu os insuperáveis dons da Sabedoria.

ADR.: Então, estás aqui Antíoco!

ANT.: Às vossas ordens, senhor!

ADR.: Acaso são estas as mulherzinhas que denunciavas por causa da religião cristã?

ANT.: Exatamente, são elas!

ADR.: Estou estupefato diante da beleza de cada uma delas, e não sou capaz de deixar de admirar seu porte pleno de dignidade.

ANT.: Deixa, meu senhor, de admirar e obriga-as a adorar os deuses.

ADR.: Que tal se antes nos dirigirmos a elas com palavras brandas? Talvez elas queiram ceder.

ANT.: É melhor. Pois a fragilidade do sexo feminino pode mais facilmente se amolecer com palavras suaves.

ADR.: Ilustre matrona, com bons modos convido-te a dar culto aos deuses, para que possas gozar de nosso favor.

SAB.: Não pretendo de modo algum prestar culto a teus deuses, nem morro de vontade de ganhar o teu favor.

ADR.: Até aqui refreei minha ira, e não me movi de indignação contra ti. Antes, pelo teu bem e o de tuas filhas adoto uma conduta de amor paterno.

SAB.: (*sussurrando*) Não vos deixeis, minhas filhas, enganar pelas seduções ardilosas desse Satanás; antes, fazei como eu: rejeitai-as.

FÉ: Rejeitamos, e valorosamente desprezamos essas coisas frívolas.

ADR.: Que é que tu estás cochichando?

SAB.: Falava um pouco a minhas filhas.

ADR.: Pareces ser de alta estirpe, mas quero saber com mais exatidão tua pátria, tua família e teu nome.

SAB.: Embora a altivez do sangue seja entre nós de pouca importância, no entanto, não nego ter uma origem ilustre.

ADR.: O que não me surpreende.

SAB.: Pois, de fato, foram meus pais os mais eminentes gregos e meu nome é Sabedoria.

ADR.: A nobreza refulge no teu rosto e a Sabedoria do nome brilha na face.

SAB.: Em vão bajulas, não nos dobramos a tuas falas persuasivas.

ADR.: Dize, que vieste fazer entre nós?

25 SAB.: Nenhuma outra coisa a não ser conhecer a doutrina da verdade para o aprendizado mais pleno da fé que combateis e para consagrar minhas filhas a Cristo.

ADR.: Dize os nomes delas.

SAB.: A primeira se chama Fé; a segunda, Esperança; a terceira, Caridade.

ADR.: Quantos anos têm?

SAB.: (*sussurrando*) Agrada-vos, ó filhas que perturbe com um problema aritmético a este tolo?

30 FÉ: Claro, mamãe. Porque nós também ouviremos de bom grado:

SAB.: Ó Imperador, se tu perguntas a idade das meninas: Caridade tem por idade um número deficiente que é parmente par; Esperança, também um número deficiente, mas parmente ímpar; e Fé, um número excedente mas imparmente par.

ADR.: Tal resposta me deixou na mesma: não sei que números são!

SAB.: Não admira, pois, tal como respondi, podem ser diversos números e não uma única resposta.

ADR.: Explica de modo mais claro, senão não entendo.

35 SAB.: Caridade já completou 2 olimpíadas; Esperança, 2 lustros; Fé, 3 olimpíadas.

ADR.: E por que o número 8, que é 2 olimpíadas, e o 10, que é 2 lustros são números deficientes? e por que o 12 que completa 3 olimpíadas se diz número excedente?

SAB.: Por que todo número cuja soma de suas partes (isto é, seus divisores) dá menor que esse número chama-se deficiente, como é o caso do 8. Pois os divisores de 8 são: sua metade —4, sua quarta parte —2, e sua oitava parte —1; que somados dão 7. Assim também o 10, cuja metade é 5; sua quinta parte é 2; e sua décima parte, 1. A soma das partes do 10 é portanto, 8, que é menor que 10. Já o contrário, se diz número excedente, como é o caso do 12. Pois sua metade é 6; sua terça parte, 4; a quarta parte, 3; a sexta parte, 2; e a duodécima parte, 1. Somadas as partes dão 16.

Quando porém o número não é excedido nem inferado pela soma de suas diversas partes, então esse número é chamado número perfeito.

É o caso do 6, cujas partes — 3, 2 e 1 — somadas dão o próprio 6. Do mesmo modo, o 28, 496 e 8128 também são chamados números perfeitos.

ADR.: E quanto aos outros números?

SAB.: São todos excedentes ou deficientes.

ADR.: E o que é um número parmente par?

SAB.: É o que se pode dividir em duas partes iguais e essas partes em duas iguais, e assim por diante até que não se possa mais dividir por 2 porque se atingiu o 1 indivisível. 8 e 16, por exemplo, e todos que se obtenham a partir da multiplicação por 2 são parmente pares.

ADR.: E o que é parmente ímpar?

SAB.: É o que se pode dividir em partes iguais, mas essas partes já não admitem divisão (por 2). É o caso do 10 e de todos os que se obtêm multiplicando um número ímpar por 2. Difere, pois, do tipo de número anterior, porque naquele caso, o termo menor da divisão é também divisível; neste, só o termo maior é apto para a divisão.

No caso anterior, tanto a denominação como a quantidade são parmente pares; já aqui, se a denominação for par, a quantidade será ímpar; se quantidade par, a denominação ímpar.

ADR.: Não sei o que é isto de denominação e quantidade.

SAB.: Quando os números estão em "boa ordem", o primeiro se diz menor e o último, maior. Quando, porém, se trata da divisão; denominação é quantas vezes o número se der. Já o que constitui cada parte, é o que chamamos quantidade.

ADR.: E o que é imparmente par?

SAB.: É o que — tal como o parmente par — pode ser dividido não só uma vez, mas duas e, por vezes, até mais. No entanto, atinge a indivisibilidade (por 2) sem chegar ao 1.

ADR.: Oh! que minuciosa e complicada questão surgiu a partir da idade destas menininhas!

SAB.: Nisto deve-se louvar a supereminente sabedoria do Criador e a Ciência admirável do Artífice do mundo: pois não só no princípio criou o mundo do nada, dispondo tudo com número peso e medida;

como também nos deu a capacidade de poder dispor de admirável conhecimento das artes liberais até mesmo sobre o suceder-se do tempo e das idades dos homens.

50 ADR.: Muito agüentei a tua "calculeira" para fazer com que me obedeças.

SAB.: Em que?

ADR.: No culto aos deuses.

SAB.: Nisto, certamente não consinto.

ADR.: Se teimares, sofrerás torturas.

55 SAB.: O corpo sim, podes fustigar com suplícios; mas a alma não conseguirás forçar a ceder.

ANT.: O dia já se finda e vem a noite; não é tempo de querelas pois já é hora de cear.

ADR.: Ponham-nas sob a guarda ao lado do palácio e sejam-lhes dados três dias de trégua para pensar no assunto.

ANT.: Vigiai-as, ó soldados, com toda solicitude: não lhes deis nenhuma ocasião de escapar.

CENA IV

SAB.: Ó doces crianças, filhinhas queridas, não vos entristeçais com as angústias do cárcere, nem vos aterrorizeis com a iminência de sofrimentos ameaçadores.

FÉ: Ainda que nossos pequenos corpos tremam de medo, a alma anseia pelo prêmio.

SAB.: Vencei com a fortaleza do senso de maturidade o que os vossos tenros anos não vos dão.

ESP.: É teu papel ajudar-nos com tuas preces para que possamos triunfar.

₅SAB.: Isto é o que continuamente rogo a Deus: que persevereis na fé que, já desde o tempo em que brincáveis com chocalhos, vos tenho instilado na inteligência.

CAR.: Não esqueceremos o que aprendemos desde o tempo em que mamávamos, nos nossos bercinhos.

SAB.: Para isto, dei-vos o leite materno, com tanto carinho vos nutri: para vos dar ao Esposo celestial, não terreno; para que, por vós seja eu digna de ser sogra do eterno Rei.

FÉ: Pelo Seu amor, estamos prontas a enfrentar a morte.

SAB.: Quanto me delicia, mais que o doce sabor do néctar, ouvir-vos.

₁₀ESP.: Leva-nos diante do juiz e verás quanto o Amor Dele nos dá coragem.

SAB.: Isto eu desejo: que pela vossa virgindade seja eu coroada; pelo vosso martírio, seja eu glorificada.

CAR.: Unindo nossas palmas, vamos desconcertar o tirano.

SAB.: Esperai até que se cumpra nossa hora.

FÉ: Aborrece-nos a demora; mas se temos de esperar, esperemos.

CENA V

ADR.: Antíoco, traz aquelas greguinhas prisioneiras.

ANT.: Anda, Sabedoria, apresenta-te com tuas filhas ao Imperador.

SAB.: Vinde comigo, filhas, sede fortes e perseverai unânimes na fé para que possais com êxito receber a palma.

ESP.: Vamos, Aquele por cujo amor somos conduzidas à morte vai conosco.

₅ADR.: Três dias de trégua, por minha benevolência vos foram concedidos. Se pensastes pois com senso, submetei-vos a nossas ordens.

SAB.: Estivemos considerando sobre o que nos é de suma importância: não vamos ceder.

ANT.: Como Vossa Majestade se digna conversar com essa mulher contumaz que o aborrece?

ADR.: Devo deixá-la impune?

ANT.: De modo algum.

₁₀ADR.: E então?

ANT.: Exorte as menininhas e, se teimam, não as poupe por serem crianças, mas leve-as à morte. E assim, matando as filhas mais amargamente torturará a mãe rebelde.

ADR.: Farei o que aconselhas.

ANT.: Assim estará por certo a salvo a autoridade.

ADR.: Fé, olha para aquela venerável imagem de Diana e oferece libações à deusa, para que possas valer-te da graça que ela dispensa.

₁₅FÉ: Ó tola ordem do Imperador, é digna de todo o desprezo!

ADR.: Que é isto que murmuras zombando? De quem troças com essas caretas, menina?

FÉ: Zombo de tua estupidez. Faço troça da tua burrice.

ADR.: Zombas de mim?!?!

FÉ: É, de ti.

20 ADR.: De mim, o Imperador?

FÉ: O próprio.

ANT.: Ó sacrilégio!!

FÉ: Que então seria mais tolo; que mais insensato pode haver do que nos exortar a desprezar o Criador do Universo e a adorar o metal?

ANT.: Olha que é suma loucura dizer que o que o Imperador falou é estúpido e tolo.

25 FÉ: Disse e digo e direi, enquanto viver.

ANT.: Olha que vais viver pouco tempo, hein. Logo receberás a morte.

FÉ: Morrer em Cristo, é a minha determinação.

ADR.: Que 12 centuriões se revezem, rasgando-lhe as carnes com chicote.

ANT.: Assim é justo!

30 ADR.: Ó valentes centuriões, vinde fazer justiça a essa injúria.

ANT.: É justo!

ADR.: Interroga-a, Antíoco, vê se ela quer ceder.

ANT.: Queres ainda, Fé, como é próprio de petulantes, ultrajar a proposta do Imperador?

FÉ: E por que não?

35 ANT.: Para evitar os açoites.

FÉ: Os açoites não me obrigam a calar porque não me impressiona a dor.

ANT.: Ó desgraçada teimosia, ó audácia contumaz!

ADR.: O corpo se fende com suplícios e a alma dela se incha de arrogância.

FÉ: Erras, Adriano, se julgas dobrar-me com suplícios. Não serei eu, mas os pobres torturadores que desfalecerão e jorrará o seu suor de tanto cansaço.

40 ADR.: Antíoco, que se lhe sejam cortados os bicos dos seios; que ao menos seja ela coibida pelo rubor.

ANT.: Talvez assim consigamos coagi-la a ceder.

ADR.: É, talvez assim a forcemos a ceder.

FÉ: Feriste meu inviolado peito, mas não me atingiste: eis que em vez de fonte de sangue, brota o leite.

ADR.: Que seja posta na grelha, sobre o fogo. Que morra pela força das chamas.

45 ANT.: Bem merece morrer miseravelmente quem não hesita em resistir a suas ordens.

FÉ: Tudo que preparas para atormentar, torna-se para mim sereno repouso, por isso tranqüilamente vou para a caldeira como se fosse uma plácida barquinha.

ADR.: Que se ponha sobre o fogo um tacho cheio de pixe e cera ardentes, e nesse líquido fervente lançai a rebelde.

FÉ: Pode deixar que eu pulo sozinha.

ADR.: Muito bem, de acordo.

50 FÉ: Onde estão tuas ameaças? Eis que ilesa brinco nadando no meio deste líquido fervente e, em lugar de calor escaldante sinto como que um refrescante orvalho da manhã.

ADR.: Antíoco, o que faremos com ela?

ANT.: Não pode tolerar que escape assim sem mais.
ADR.: Seja-lhe cortada a cabeça.
ANT.: É o único jeito.
55 FÉ: Agora sim me alegro, agora em Deus exulto.
SAB.: Cristo, que triunfaste sobre o demônio, dá forças à minha filha Fé.
FÉ: Ó mãe venerável! Saúda pela última vez tua filha, oferece teu beijo à tua primogênita. Que não haja sombra de tristeza em teu coração, pois vou para o prêmio da eternidade.
SAB.: Ó filha, filha, não me desfaço nem me entristeço, mas exultante te digo adeus e beijo-te a boca e os olhos, e de júbilo oro chorando. Que no golpe que vibrar-te-ão, guardes intacto o mistério de teu nome.
FÉ: Ó irmãs, oferecei-me o ósculo da paz e preparai-vos para suportar, também vós, estas batalhas.
60 ESP.: Ajuda-nos com tuas preces, para que sejamos dignas de seguir teus passos.
FÉ: Guardai os conselhos de nossa santa mãe, quando nos exortava a desprezar as coisas presentes para merecer receber as eternas.
CAR.: De bom grado seguiremos os conselhos de mamãe para gozarmos da felicidade eterna.
FÉ: Carrasco, vem e cumpre teu ofício matando-me.
SAB.: Abraçada à cabeça de minha filha morta, e, repetidas vezes beijando-lhe os lábios, agradeço-te, Cristo, por concederes o triunfo a uma criança tão pequena.

65 ADR.: Esperança, cede às exortações que com afeto de pai te proponho.

ESP.: O que é que me aconselhas, o que é que me propões?

ADR.: Que evites a teimosia de imitar tua irmã, não vás querer as mesmas penas que ela sofreu.

ESP.: Oxalá fosse eu digna de imitá-la sofrendo, para assim imitá-la também no prêmio.

ADR.: Renuncia à cabeça dura e curva-te incensando a grande Diana, e eu te tomarei como minha própria filha, educando-te com todo amor.

70 ESP.: Que eu ceda: falsa esperança! Pois não tenho o menor interesse nos benefícios que me possas dar e menos ainda em ter-te por pai.

ADR.: Fala menos! Olha que eu me irrito!

ESP.: Podes irritar-te, não me incomodo.

ANT.: Eu me admiro, ó Augusto, como suporta que esta vil menininha durante tanto tempo o insulte. Eu, de minha parte, me arrebento de furor ao vê-la latir contra Vossa Majestade assim tão temerariamente.

ADR.: Até agora poupava-a por ser criança; mas agora não a pouparei: dar-lhe-ei o castigo merecido.

75 ANT.: Assim é que se fala, Majestade!

ADR.: Vinde, ó litores, e surrai esta rebelde com duros chicotes até à morte.

ANT.: É bom que sinta a severidade do Seu furor, porque despreza a brandura de Sua piedade, Senhor!

ESP.: Quero esta brandura; é esta piedade que espero.

ADR.: Ó Sabedoria! Que é que estás aí sussurrando de olhos elevados ao céu, junto ao cadáver de tua filha morta?

80 SAB.: Invoco ao Criador que não deixe de dar a Esperança as mesmas forças que deu à Fé.

ESP.: Ó mamãe, mamãe, quão eficazes, quão ouvidas sinto que foram tuas preces. Eis que, orando tu, os demônios torturadores me desferem golpes mas eu já não sinto as dores.

ADR.: Se fazes pouco dos flagelos serás submetida a penas mais duras.

ESP.: Dá-me tudo que de cruel maquinas, pois quanto mais crueldade tanto mais ficarás desconcertado em tua derrota.

ADR.: Que seja dilacerada com ganchos e suspendei-a no ar até que lhe jorrem as vísceras e com os ossos expostos desfaleça e seus membros se rachem.

85 ANT.: Assim deve ser feito: é a ordem do Imperador, e deve ser plenamente cumprida.

ESP.: Falas com a manha de uma raposa e adulas, ó Antíoco, com dissimulada astúcia.

ANT.: Cala a boca, desgraçada! Teu falatório vai acabar já, já.

ESP.: Não ocorrerá como esperas, mas haverá desconcerto para ti e para teu Imperador.

ADR.: Que é este doce aroma? Que magnífica suavidade é esta que sinto?

90 ESP.: Os golpes que embalde caíram no meu dilacerado corpo produzem este aroma de fragrância paradisíaca, com que, embora sem querer, és obrigado a

confessar que não posso ser prejudicada pelos tormentos.

ADR.: Antíoco, que devo fazer?

ANT.: Aplique-lhe mais torturas, Majestade.

ADR.: Jogai-a amarrada num vaso de cobre cheio de óleo, gordura, cera e breu e ponde-o sobre o fogo.

ANT.: Entregue ao direito de Vulcano, não achará jeito de escapar.

95 ESP.: Este poder em Cristo não é incomum: que o fogo transforme sua natureza e se torne suave.

ADR.: Que é isto, Antíoco? Ouço um som como de inundação.

ANT.: Ai, ai, ai, Senhor!

ADR.: Que é que aconteceu?

ANT.: O calor da ebulição quebrou o vaso e queimou os nossos servidores, enquanto aquela maléfica menina ficou ilesa.

100 ADR.: Reconheço que estamos vencidos.

ANT.: Completamente.

ADR.: Seja-lhe cortada a cabeça.

ANT.: Não há outro modo de destruí-la.

ESP.: Ó querida Caridade, minha incomparável irmã! Não temas as ameaças do tirano, nem tremas diante dos sofrimentos. Empenha-te, forte na fé, por chegar ao palácio celestial, a exemplo de tuas irmãs.

105 CAR.: Aborrece-me esta vida presente; aborrece-me a habitação terrena; pelo menos é por pouco tempo que estarei separada de vós.

ESP.: Não olhes para o aborrecimento mas para o prêmio. Dentro em pouco, estaremos juntas no Céu.

CAR.: Assim seja! Assim seja!

ESP.: Muito bem, mamãe! Alegra-te: não te deixes afligir de dor maternal pela minha paixão, mas antepõe a esperança à dor, ao ver que é por Cristo que morro.

SAB.: Agora certamente já me alegro. Mas quando tiver enviado ao céu tua irmãzinha, morta de igual maneira, e seguir eu também por último, aí então exultarei de alegria transbordante.

110 ESP.: A Santíssima Trindade te dará a eternidade em companhia de todas as tuas filhas.

SAB.: Sê forte, filha: o agressor vem a nós com a espada desembainhada.

ESP.: De bom grado recebo a espada. Tu, Cristo, recebe esta alma que por confessar o teu nome é arrancada à sua habitação corporal.

SAB.: Ó Caridade, excelsa esperança de meu ventre, ilustre filha minha, não defraudes as esperanças de tua mãe de que combatas bem. Desdenha as ofertas do Imperador e assim atingirás a alegria sem fim: a refulgente coroa da virgindade sem mancha que tuas irmãs conquistaram.

CAR.: Sustenta-me mamãe com tuas santas orações até que eu mereça juntar-me à glória delas.

115 SAB.: Rezo muito para que sejas consolidada na fé até o fim; estou certa de que também a ti será outorgada a eterna alegria.

ADR.: Caridade, já estou farto dos insultos que me lançaram tuas irmãs e extremamente exasperado pelo falatório delas. Por isso, contigo não vou discutir: ou obedeces a meus desejos e serás cumulada de bens; ou resistes e sofrerás os males.

CAR.: Eu de coração amo o bem e detesto o mal com todas minhas forças.

ADR.: A minha benevolente piedade leva-me a propor-te algo muito simples, uma coisinha de nada; para mim, tolerável e, para ti, essencial para que te salves.

CAR.: Que é?

120 ADR.: Basta que digas: "Grande é Diana!", nem te obrigarei a sacrifícios.

CAR.: Ah não! Não digo.

ADR.: E por quê?

CAR.: Porque não quero mentir. Eu e minhas irmãs temos os mesmos pais, os mesmos sacramentos, a mesma força na fé. Por isso decididamente uma única é nossa vontade, nosso sentir, nosso saber, nosso ser. E eu em nada me afasto delas.

ADR.: Ó injúria! Que eu seja desprezado por uma pirralhinha tão pequenininha!

125 CAR.: Ainda que de tenra idade, vê-se no entanto que te desconcertei com meus argumentos.

ADR.: Toma-a, ó Antíoco, e faz com que, pendurada no cavalete, seja atrozmente chicoteada.

ANT.: Temo que não adiantará.

ADR.: Se não adiantar, manda que continuamente por três dias e três noites se acenda o forno e lança-a entre as chamas furiosas.

CAR.: Ó juiz impotente, que temes enfrentar uma criança de 8 anos sem a arma do fogo.

130 ADR.: Vai, Antíoco, e faz como foi mandado.

CAR.: Tuas torturas certamente estão bem preparadas, mas não me causarão mal, pois nem os chicotes podem rasgar meu corpo nem as chamas queimar meus membros ou vestes.

ADR.: É o que veremos.

CAR.: Veremos.

CENA VI

ADR.: Antíoco, o que te aflige? Por que razão voltas mais triste que de costume?

ANT.: Quando souber Vossa Majestade a causa da tristeza, não se afligirá menos.

ADR.: Fala, não escondas.

ANT.: Aquela gozadora daquela menina, que me entregaste para que fosse atormentada, foi chicoteada na minha presença, mas sua fina pele nem sequer de leve se cortou. Depois a lancei na fornalha, que estava já da cor do fogo, por causa do extremo calor.

5 ADR.: Por que não contas logo como tudo acabou?

ANT.: A chama transbordou violentamente e queimou 5.000 homens.

ADR.: E o que aconteceu a ela?

ANT.: À Caridade?

ADR.: É, ela.

ANT.: Andava brincando entre os vapores que vomitavam chamas e cantava louvores a seu Deus. E mais: quem olhasse atentamente, veria três jovens radiosos de claridade que a acompanhavam[2].

ADR.: Tenho vergonha de enfrentá-la, pois não consigo feri-la.

ANT.: Só nos resta matá-la à espada.

ADR.: Que se faça isto sem demora.

CENA VII

ANT.: Descobre tua cabecinha dura, ó Caridade, para receber o golpe da espada.

CAR.: A esta tua ordem, sim que de bom grado obedeço.

SAB.: Agora, agora filha, dá graças; agora rejubila em Cristo. Já não me inquieto, porque tua vitória é certa.

CAR.: Dá-me um beijo forte, mamãe, e encomenda meu espírito que vai para Cristo.

SAB.: Que Aquele que no meu ventre te deu vida, receba a alma que do Céu foi insuflada.

CAR.: Glória a Ti, ó Cristo, que me chamas a Ti com a palma do martírio.

SAB.: Adeus, ó dulcíssima filhinha, e quando estiveres com Cristo no Céu, lembra-te da mamãe, já exaurida por te gerar para a Vida.

2. Cf. Dan. 3, 46 e ss.

CENA VIII

SAB.: Vinde ilustres senhoras e aos corpos de minhas filhas demos sepultura.

MATR.: Embalsamamos seus pequenos corpos com aromas e celebramos funerais solenes.

SAB.: Sois de grande bondade e de admirável piedade comigo e com meus mortos.

MATR.: Em que pudermos ajudar-te, fá-lo-emos devotamente.

₅SAB.: Bem o sei.

MATR.: Onde queres sepultá-las?

SAB.: A três milhas de Roma, se não vos desagrada lugar tão longínquo.

MATR.: Não nos desagrada, pelo contrário, agrada-nos, seguir tão nobre funeral.

CENA IX

SAB.: Eis o lugar!

MATR.: Certamente é lugar apto para guardar os restos mortais.

SAB.: A teus cuidados, ó terra, confio as florzinhas de meu ventre, para que as acaricie em teu seio até que refloresçam na glória maior da ressurreição. E tu, Cristo, até então, dá-lhes, com a plenitude de esplendor às almas, sereno repouso aos ossos.

MATR.: Amém.

₅SAB.: Agradeço à vossa piedade pelo conforto que trouxestes à dor da separação de minhas filhas.

MATR.: Não queres que fiquemos aqui contigo?

SAB.: Não.

MATR.: Por que não?

SAB.: Não seja o meu consolo o vosso incômodo. Já basta que três noites tenhais permanecido comigo. Ide em paz, e passai bem.

MATR.: Não vais conosco?

SAB.: Não.

MATR.: E que pensas fazer?

SAB.: Ficar aqui, para o caso de que ocorra o que peço e se cumpra o que desejo.

MATR.: Que pedes? Que desejas?

SAB.: Unicamente isto: que completando minhas orações, seja eu levada por Cristo.

MATR.: Então convém que esperemos para dar-te sepultura.

SAB.: Como queirais. Senhor Jesus, que antes de todos os séculos foste gerado pelo Pai e, no tempo, gerado pela Virgem Mãe; que de duas naturezas admiravelmente consistes num único Cristo sem que a diversidade de naturezas divida a unidade da pessoa, nem a unidade de pessoa confunda a diversidade de naturezas; a Ti dêem glória toda a corte de anjos e a doce harmonia das estrelas. A Ti também louve a ciência de tudo o que é cognoscível e tudo que é formado da matéria dos elementos, porque Tu, que com o Pai e o Espírito Santo, sois espírito e não matéria, pela vontade do Pai e cooperação do Espírito Santo, não desdenhaste fazer-te homem, com humanidade passível sem quebra da divina impassibilidade. E, para que nenhum dos que crêem em Ti se perdesse e todos os fiéis vivessem eternamente não Te dedignaste de experimentar a nossa morte e destruí-la com tua ressurreição.

Recordo-me, ó perfeito Deus e perfeito homem, a promessa que fizeste a todos que, pela veneração de Teu nome, abandonassem o uso da posse das coisas terrenas ou pospusessem o afeto carnal dos parentes, de que receberiam em troca o cêntuplo de recompensa e seriam agraciados com o troféu de vitória de vida eterna. Animada, pois, pela esperança dessa promessa, fiz o que ordenaste: de livre vontade entreguei-te as filhas que gerei.

Por isso, ó Piedoso, não te demores em cumprir as promessas, mas faze com que eu, livre o mais depressa possível dos vínculos do corpo, me alegre com o encontro das filhas, que não tardei em entregar para serem mortas por tua causa, a fim de que, seguindo elas a Ti, o Cordeiro da Virgem, e entoando elas um cântico novo, possa eu regozijar-me, ouvindo-as, e alegrar-me com sua glória. E, ainda que não possa entoar o canto da virgindade, mereça eu, todavia, louvar com elas pela eternidade a Ti, que, não sendo o mesmo que o Pai, és igual ao Pai, com o qual e com o Espírito Santo, como único Senhor do universo, único dominador absoluto das causas últimas, médias e próximas, reinas e imperas pelos séculos intermináveis da eternidade.

MATR.: Recebe-a, Senhor. Amém.

II. MESTRE E ALUNO NO SÉCULO VIII: O "DIÁLOGO ENTRE PEPINO E ALCUÍNO"

(*De eclipsi solis figura utilis.*)

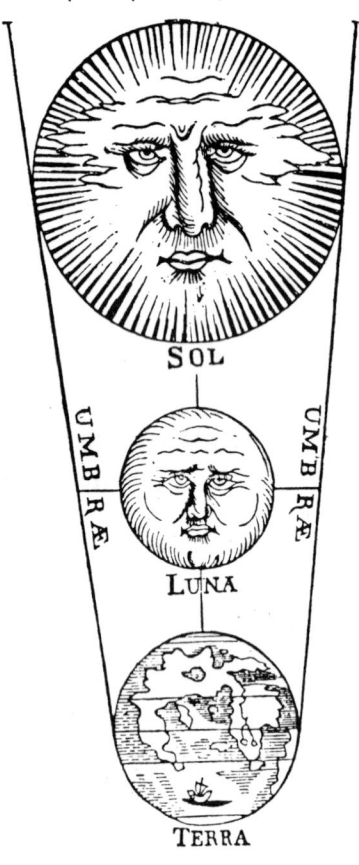

Um eclipse solar na ed. Migne de Beda, o Venerável.

1. ESTUDO INTRODUTÓRIO

O diálogo, cuja tradução apresentamos a seguir, é a *disputatio* (discussão) entre o mestre Alcuíno e o segundo filho de Carlos Magno, o jovem Pepino.

Quando Alcuíno, em 781, a pedido de Carlos Magno, se encarrega da Escola Palatina, tem já cinqüenta anos de idade, enquanto Pepino, apenas cinco.

Pelo próprio texto da *disputatio*, pode-se supor que Alcuíno fosse oficialmente o preceptor de Pepino[1], o que teria ocorrido durante a primeira estada de Alcuíno junto a Carlos Magno (781-790).

Trata-se, portanto, de um diálogo onde um garoto de seus doze ou treze anos faz perguntas ao mestre ancião a respeito de tudo: o homem e o mundo; a vida e a morte.

Nas respostas de Alcuíno, encontramos toda uma visão do mundo da época, "une sorte de digest d'une grandeur étonnante", mais preocupado com a verdade

---

1. Cf. D. ANDREAE QUERCETANI. *Praefatio ad Beatum Alcuinum*; PL 100, 116, B.

do que com a forma literária[2]. E, por isso, belo! Comovente! Um testemunho, datado de há 1200 anos, da profunda identidade do homem de todos os tempos, pois no século VIII, como hoje e sempre:

a esperança é sonhar acordado (falas 159-160);
a amizade, a igualdade das almas (fala 164);
a fé, a certeza das coisas que não vemos (fala 166);
os olhos, os indicadores da alma (fala 44) e
o homem..., uma candeia ao vento (fala 20).

E a terra continua sendo a mãe de todos (e a que a todos devora... fala 108); o homem, um caminhante passageiro, sempre hóspede onde quer que se encontre (fala 16) e a liberdade do homem, a sua inocência (fala 32).

Na formulação dessas verdades permanentes esconde-se qualquer coisa de encantador, talvez pelo fato de serem dirigidas a uma criança, e há doze séculos; talvez pela concisão das respostas que vão direto ao essencial (o leitor saberá avaliar melhor a grandiosidade do texto se experimentar dar — também ele —, em breves palavras, respostas às questões fundamentais sobre o homem e o mundo que são propostas na *disputatio*).

Mas, obviamente, nem tudo é identidade e permanência. Igualmente maravilhoso é o contato com as diferenças, sobretudo com a imaginação que colore de magia o realismo medieval.

Vale — *mutatis mutandis* — para as sentenças de Alcuíno o que diz Pieper a respeito de Alberto Magno.

2. SABATIER, R. "Un dialogue sous Charlemagne". *La Table Ronde*, 112, abr. 1957, p. 66.

Depois de descrever o realismo científico de Alberto, Pieper observa: "Quão pouco tal sentido realista tem a ver com um trivial cientificismo, evidencia-se numa frase sobre as formas elementares das flores em que enlaça a precisa observação com a pura poesia. As flores têm — é o que diz Alberto no *Livro das Plantas* — três tipos de formas: pássaro, sino e estrela"[3]. E Alcuíno nos dirá que os dentes são moinho de morder (fala 54), o navio, um viajante que não deixa rastro (fala 48) etc.

AS ADIVINHAS MEDIEVAIS

De especial interesse no texto, são as adivinhas (no total, 22) que se insinuam nas falas 155-160 e explicitamente se colocam de 168 até o fim. São enigmas do mesmo tipo dos que, ainda hoje, divertem as crianças e os adultos.

Na Primeira Idade Média — que tanto cultivou essas brincadeiras —, as adivinhas tinham, além do caráter jocoso, uma função pedagógica: aguçar a inteligência dos jovens[4]. As duas coisas andavam juntas: deve-se ensinar divertindo, diz Alcuíno a Carlos Magno[5].

Mas, talvez fossem ainda algo mais: quem lê com atenção o diálogo, repara que a bateria de adivinhas começa quando Pepino pergunta: "O que é a fé?" (fala 165), ao que o mestre responde: "A certeza das coisas não sabidas e *admiráveis*". Ora, *admirável* (*mirum*, em

---

3. PIEPER, J. *Scholastik*. 2. ed., München, DTV, 1981, p. 104.

4. O próprio Alcuíno teria escrito uma coletânea de divertidos problemas "para aguçar a inteligência dos jovens".

5. Epístola 101, in *PL* 100, 314, C.

latim) é precisamente o termo de que Alcuíno se vale para designar adivinha.

O que se sugere com tudo isso é que as adivinhas servem de modelo para a fé. Tanto num como noutro caso, temos já uma revelação mas não ainda a luz total, que só vem quando o enigma é resolvido e, no caso da fé, com a *visio beatifica*.

Aliás, é São Paulo quem, falando da fé, diz: "Presentemente vemos de modo confuso como por um espelho em *enigmas* (*per speculum in aenigmate*); mas então veremos face a face" (I Cor. 13, 12).

E na *Hierarquia Eclesiástica* do Pseudo-Dionísio Areopagita reencontramos a mesma metáfora do enigma[6].

SOLUÇÃO DOS ENIGMAS DO TEXTO

Das adivinhas propostas, algumas têm solução explícita no próprio texto. São elas:

Fala em que é proposta	Solução da adivinha
155	fome
157	lucro
159	esperança
168	imagem na água
174	sonho
176	galhos-fogo
180	sílex
206	nada
210	carta

---

6. *Hierarquia Eclesiástica*, 2, 3, 1; 3, 3, 3 e ainda em 5, 1, 2.

A solução de algumas outras, obtivemos nos volumes "Collectiones Aenigmatum" — *CCL* 133 e 133A. Esses volumes são dedicados a enigmas da era merovíngia e alguns deles são retomados por Alcuíno:

Falas	Solução
184	piolhos, caçar piolhos[7]
186	o ovo (o ovo "nasce" e só então gera o pintinho)[8]
188	o eco (a resposta de Pepino é mais enigmática que a pergunta)[9]
190	o peixe no rio[10]
192	o sonho (o que se vê no sonho)[11]
202	a flecha[12].

A adivinha proposta em 178 tem por solução: pergaminho (o pergaminho só fica bem se a pele da ovelha for preparada em varal). E em 182, a isca (morto) com seu riso (anzol) atrai o vivo (peixe) para a morte.

Já para a adivinha que se propõe em 198, tivemos de recorrer aos *Ioca Monachorum*, publicados em *PLS*

---

7. Cf. *CCL* 133A, p. 651.
8. Cf. *CCL* 133A, p. 554 ("Eu [o ovo] sou a mãe que não posso conceber (o pintinho) a não ser que permaneça virgem" etc.); *CCL* 133, p. 248 e *CCL* 133A, p. 635 (*De ovo, De pullo* e *Pullus in ovo resp.*).
9. Cf. *CCL* 133A, p. 719.
10. Cf. *CCL* 133A, p. 633.
11. Cf. *CCL* 133A, p. 720.
12. Cf. *CCL* 133A, p. 686.

4. A solução é: Adão, homônimo da terra, não nasceu e morreu uma única vez[13]. A sua inicial, A, é a letra n.º 1 do alfabeto. Elias — homônimo de Deus — nasceu

---

13. Nos antiquíssimos *Ioca Monachorum* encontram-se as raízes desta e de outras adivinhas que subsistem até hoje. Na nossa poesia tradicional sertaneja, aparece algo semelhante:

"Um homem houve no mundo (*Abel, nota nossa*)
Que sem ter culpa morreu
Nasceu primeiro que o pai (*Adão não nasceu, nota nossa*)
Sua mãe nunca nasceu
Sua avó esteve virgem (*A terra, da qual Adão foi feito, nota nossa*)
Até que o neto morreu" (*apud* CÂMARA CASCUDO, *Luís, Vaqueiros e Cantadores*, Rio de Janeiro, Ed. de Ouro, 1968, p. 165).

E, na mesma passagem, Câmara Cascudo registra idêntica adivinha no folclore porto-riquenho:

"Un hombre murió sin culpa,
Su madre nunca nació
Y su abuela estuvo doncella
Hasta que el nieto murió"

e reaparece ainda na tradicionalíssima *História da Donzela Teodora* (CÂMARA CASCUDO, pp. 165 e 31).

E, explica o folclorista: "A avó é a terra que foi violada pela primeira sepultura (a de Abel)".

Ora, nos *Ioca Monachorum*, lemos: "Quem morreu e não nasceu? — Adão" "Quem deflorou a própria avó? — Abel" (*PLS* 4, 928).

Somente a título de curiosidade, recolhemos aqui mais algumas dessas anônimas e milenárias brincadeiras dos monges:

"Qual é a coisa mais rápida do mundo? — O pensamento."
"Quem deu o que não recebeu? — Eva, o leite."
"Que é o que é preto e dá branco? — Uma vaca preta, que dá leite" (*PLS* 4, 919).

mas não morreu[14] (cf. II Sam. 2). A sua inicial, E, é a letra n.º 5. E Lázaro, ressuscitado por Cristo, morreu duas vezes[15], e é homônimo do mendigo da parábola. Sua letra, L, é a n.º 12.

O enigma proposto em 196 é um trocadilho com a palavra latina *caput* (cabeça ou cabeceira da cama).

Finalmente, para se entender o que se propõe em 194, é preciso lembrar que cultivava-se muito na época a *loquela digitorum*, a representação de números pela flexão dos dedos. O dedo mínimo é o que faz o 7; o anular, o 6; ambos, o 8. De tal modo que, se do 8 tirarmos 7 (isto é, o dedo que faz o 7) fica 6. A ilustração abaixo, extraída de Quacquarelli[16] torna isto claro:

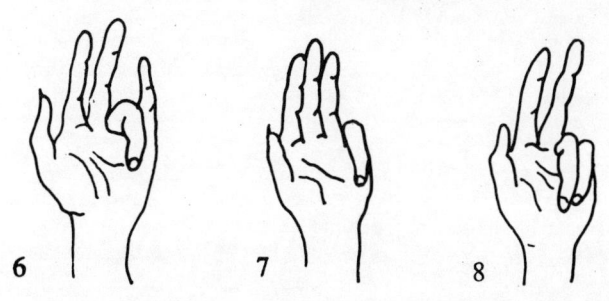

Não quero concluir esta apresentação sem fazer notar que o último enigma que Alcuíno propõe ao jovem

14. Cf. *PLS* 4, 928.
15. Cf. *PLS* 4, 931.
16. QUACQUARELLI, A. "Al margine dell'*actio*: la *loquela digitorum*". *Vetera Christianorum*, ano 7, 1970, fasc. 1, pp. 207-208.

(o do mensageiro mudo) se complementa com um outro enviado pelo mestre a Carlos Magno: "Queres saber, ó viandante, como pode o poeta viver após a morte? Nisto que tu lês, sou eu que falo; tua voz, neste momento, é a minha"[17].

E que a última fala que nos traz o mudo mensageiro da *disputatio* se aplique também ao leitor: *Lege feliciter*!

---

17. *PL* 101, 802B.

2. "DIÁLOGO ENTRE PEPINO E ALCUÍNO"

P.: O que é a escrita?
A.: O guarda da história.
P.: O que é a palavra?
A.: O delator dos segredos da alma.
₅P.: Quem gera a palavra?
A.: A língua.
P.: O que é a língua?
A.: O chicote do ar.
P.: O que é o ar?
₁₀A.: O guarda da vida.
P.: O que é a vida?
A.: A alegria dos ditosos, aflição dos miseráveis, expectação da morte.
P.: O que é a morte?
A.: Um fato inevitável, uma incerta peregrinação, lágrimas dos vivos, confirmação dos testamentos, ladrão do homem[1].

1. Cf. Heb. 9, 15-17.

79

P.: Que é o homem?
A.: Servo da morte, caminhante passageiro, sempre um hóspede em qualquer lugar.
P.: A que é semelhante o homem?
A.: A um fruto[2].
P.: Qual a condição humana?
A.: A de uma candeia ao vento.
P.: Como está ele situado?
A.: Dentro de seis paredes.
P.: Quais?
A.: Acima, abaixo; diante, detrás; direita e esquerda.
P.: De quantos modos ele é variável?
A.: De seis modos.
P.: Quais?
A.: Pela fome e saciedade; pelo repouso e trabalho; pela vigília e sono.
P.: O que é o sono?
A.: Imagem da morte.
P.: O que é a liberdade do homem?
A.: A sua inocência.
P.: O que é a cabeça?
A.: O cimo do corpo.
P.: O que é o corpo?
A.: A morada da alma.
P.: O que é a cabeleira?
A.: A veste da cabeça.
P.: O que é a barba?
A.: Distinção do sexo, honra da idade.

2. Há, no original, um jogo de palavras: *homo-pomo*.

P.: O que é o cérebro?
A.: O conservador da memória.
P.: O que são os olhos?
A.: Os guias do corpo, recipientes de luz, indicadores da alma.
P.: O que são as narinas?
A.: Os condutos dos aromas.
P.: O que são os ouvidos?
A.: Captadores de sons.
P.: O que é a fisionomia?
A.: A imagem da alma.
P.: O que é a boca?
A.: A alimentadora do corpo.
P.: O que são os dentes?
A.: Moinho de morder.
P.: O que são os lábios?
A.: As portas da boca.
P.: O que é a garganta?
A.: A devoradora da comida.
P.: O que são as mãos?
A.: Os operários do corpo.
P.: O que são os dedos?
A.: Plectro das cordas.
P.: O que é o pulmão?
A.: Depósito de ar.
P.: O que é o coração?
A.: Receptáculo da vida.
P.: O que é o fígado?
A.: O guarda do calor.

P.: O que é a bílis?
70 A.: A que suscita a irritação.
P.: O que é o baço?
A.: O que produz a alegria e o riso.
P.: O que é o estômago?
A.: O cozinheiro dos alimentos.
75 P.: O que é o ventre?
A.: O guarda das coisas frágeis.
P.: O que são os ossos?
A.: A fortaleza do corpo.
P.: O que são as coxas?
80 A.: Epistílios das colunas.
P.: O que são as pernas?
A.: As colunas do corpo.
P.: O que são os pés?
A.: Alicerce móvel.
85 P.: O que é o sangue?
A.: Humor das veias, alimento da vida.
P.: O que são as veias?
A.: As fontes da carne.
P.: O que é o céu?
90 A.: Uma esfera que roda sobre si mesma, um imenso teto.
P.: O que é a luz?
A.: A face de todas as coisas.
P.: O que é o dia?
A.: Estímulo ao trabalho.
95 P.: O que é o sol?

A.: O esplendor da terra, a beleza do céu, graça da natureza, a glória do dia, o distribuidor das horas.

P.: O que é a lua?

A.: O olho da noite, doadora de orvalho, aquela que anuncia as tempestades.

P.: O que são as estrelas?

100 A.: A pintura que adorna o céu, piloto dos navegantes, o encanto da noite.

P.: O que é a chuva?

A.: A fecundação da terra, a mãe dos frutos.

P.: O que é a neblina?

A.: Noite do dia, trabalho para os olhos.

105 P.: O que é o vento?

A.: Perturbação do ar, mobilidade das águas, secura da terra.

P.: O que é a terra?

A.: A mãe de tudo o que cresce, a que alimenta os viventes, o celeiro da vida, a devoradora de todos.

P.: O que é o mar?

110 A.: O caminho da coragem, a fronteira da terra, o que separa as regiões, o hospedeiro dos rios, a fonte das chuvas, refúgio nos perigos, encantadores prazeres.

P.: O que são os rios?

A.: Curso que não acaba, refeição do sol, irrigação da terra.

P.: O que é a água?

A.: Sustentáculo da vida, limpeza das sujeiras.

115 P.: O que é o fogo?

A.: Calor excessivo, aquecimento para os que nascem, sazonamento do que germina.

P.: O que é o frio?

A.: Febricitação dos membros[3].

P.: O que é o gelo?

120 A.: A perseguição das plantas, a perdição das folhas, a prisão da terra, a fonte das águas.

P.: O que é a neve?

A.: Água seca.

P.: O que é o inverno?

A.: Um exilado do verão.

125 P.: O que é a primavera?

A.: A pintora da terra.

P.: O que é o verão?

A.: O revestir da terra, o sazonamento dos germinantes.

P.: O que é o outono?

130 A.: O celeiro do ano.

P.: O que é o ano?

A.: A quadriga do mundo.

P.: E quem a conduz?

A.: A noite e o dia, o frio e o calor.

135 P.: E quem dirige as rédeas?

A.: O sol e a lua.

P.: Quantos são seus palácios?

---

3. *Frigorificus* é o que tem febre (cf. por exemplo GREGÓRIO DE TOURS *in* PL 71, 711C ou 325A ou 771B. Devo esta observação, e a seguinte, a D. João Mehlmann O.S.B.).

A.: Doze.
P.: Quem são os governantes dos palácios?
A.: Áries, Touro, Gêmeos, Câncer, Leão, Virgem, Balança, Escorpião, Sagitário, Capricórnio, Aquário e Peixes.
P.: Quantos dias ficam morando em cada palácio?
A.: O sol, 30 dias e 10 horas e meia; a lua, 2 dias, 8 horas e 2/3 de hora.
P.: Mestre, tenho medo de ir ao alto!
A.: Quem te trouxe para o alto?
P.: A curiosidade.
A.: Se tens medo, descerei. Eu, seguir-te-ei aonde quer que vás.
P.: Se eu soubesse o que era um navio, prepararia um para ti para que viesses a mim.
A.: Um navio é uma casa errante, hospedaria em qualquer parte, um viajante que não deixa pegadas, um vizinho da areia.
P.: O que é a areia?
A.: O muro da terra.
P.: O que são as ervas?
A.: A veste da terra.
P.: O que são os legumes?
A.: Os amigos dos médicos, o louvor dos cozinheiros
P.: O que é que faz doce o amargo?
A.: A fome.
P.: O que é que faz com que o homem não se canse?
A.: O lucro.

P.: O que é o sonho dos acordados?[4]

160 A.: A esperança.

P.: O que é a esperança?

A.: Refrigério nos trabalhos; evento incerto.

P.: O que é a amizade?

A.: A igualdade das almas; a igualdade dos amigos.

165 P.: O que é a fé?

A.: A certeza das coisas não sabidas e admiráveis.

P.: Que é admirável?

A.: Agora há pouco vi um homem que nunca existiu de pé, um morto andando.

P.: Desvenda-me como pode ser isso.

170 A.: A imagem refletida na água.

P.: Como é que eu, tendo tantas vezes visto isso, não o entendi por mim mesmo?

A.: Já que és um bom rapaz e dotado de natural engenhosidade vou te propor mais algumas "admiráveis", provarás se por ti mesmo podes adivinhá-las.

P.: Sim, e se eu errar, tu me corrigirás.

A.: Farei como desejas. Um desconhecido, sem língua e sem voz, falou comigo; ele nunca existiu nem existirá, e a quem não ouviria e nem conheço.

175 P.: Acaso um sonho te importunou, mestre?

A.: Sim, filho, acertaste. Ouve esta agora: vi mortos gerarem um vivo e o hálito do vivo consumiu os mortos.

---

4. "Louvo aquele que disse que as esperanças são os sonhos dos acordados", diz também ANTONIUS MELISSA *PG* 136, 788C. A formulação é atribuída a Aristóteles (DIÓGENES LAÉRCIO, *De vitis phil.* 1.5, I, 11, 18).

P.: Esfregando-se galhos secos, nasce o fogo que consome os galhos.

A.: Acertaste. Ouvi mortos falando muitas coisas.

P.: Nunca falaram bem a não ser quando suspensos no ar.

180 A.: É, é verdade. E eu vi o fogo não apagado repousar na água.

P.: Tu te referes ao sílex, parece-me.

A.: É, é isso mesmo! Vi um morto sentado sobre um vivo e no riso do morto morreu o vivo.

P.: Isto sabem nossos cozinheiros.

A.: Mas, psst!, põe teu dedo sobre a boca, não aconteça, que os meninos ouçam o que seja. Fui eu com outros a uma caçada na qual o que apanhamos não trouxemos conosco, e o que não pudemos caçar trouxemos para casa conosco.

185 P.: É a caçada dos camponeses, não é?

A.: É. Vi o que nasceu antes de ser concebido.

P.: Viste e talvez comeste.

A.: Comi. O que é o que não é e tem nome e responde a quem faz barulho?

P.: Pergunta aos papiros na floresta.

190 A.: Vi um morador correndo junto com sua casa; ele calava, mas ela fazia barulho.

P.: Prepara-me uma rede e eu to mostrarei.

A.: Quem é o que não podes ver senão de olhos fechados?

P.: O que dorme profundamente indicar-te-á.

87

A.: Vi um homem com oito na mão; de oito tirou sete e ficou com seis.

195 P.: As crianças na escola sabem isso.

A.: O que é que sem a cabeça fica maior?

P.: Vai a tua cama e descobrirás.

A.: Eram três: um, nunca nasceu e morreu uma vez; outro, nasceu uma vez e nunca morreu; o terceiro, nasceu uma vez e duas vezes morreu.

P.: O primeiro é homônimo da terra; o segundo, do meu Deus; o terceiro, do homem pobre.

200 A.: Dize as iniciais dos nomes.

P.: 1, 5 e 12[5].

A.: Vi uma mulher voando, ela tem o bico de ferro, o corpo de madeira, a cauda emplumada, e é portadora da morte.

P.: É a companheira dos soldados.

A.: Que é o soldado?

205 P.: A muralha do Império, o pavor do inimigo, um serviço glorioso.

A.: O que é que é e que não é?

P.: O nada.

A.: E como pode ser e não ser?

P.: É enquanto palavra; não é, enquanto realidade.

210 A.: Quem é o mensageiro mudo?

P.: O que tenho aqui comigo.

A.: O que tens aí contigo?

P.: Uma carta tua.

A.: Que a leias com proveito, filho.

---

5. O original, provavelmente enganado, diz 1, 4 e 12.

III. MATEMÁTICA E ENSINO DE MATEMÁTICA NOS PRIMEIROS SÉCULOS MEDIEVAIS *

* Para melhor compreensão do significado do capítulo "Sobre as Figuras Geométricas" e a importância de Boécio para a cultura ocidental, veja-se a "Introdução: A Atualidade da Pedagogia Medieval", no início deste livro.

1. SOBRE AS FIGURAS GEOMÉTRICAS
(ATRIBUÍDO A BOÉCIO)

Das considerações euclidianas proferidas obscura e sucintamente, sobre as figuras até agora apresentadas, e, por nós traduzidas rigorosamente palavra por palavra, parece que algumas devem ser retomadas para que o espírito do leitor não seja afastado pelo espanto da obscuridade, antes, pelo contrário, se deleite pela luz que é emitida por alguns exemplos de demonstração.

Devemos, pois, inserir aqui algo de demonstrações, tarefa tão necessária à arte liberal da Geometria e que diz respeito aos enunciados anteriores, como convém também aos subseqüentes. Quem quer que seja versado em Aritmética será levado ao entendimento dessas demonstrações com a inteligência mais preparada.

Dissemos anteriormente, mas de modo muito obscuro, que sobre um dado segmento pode-se construir um triângulo equilátero. Vejamos agora como isto se faz.

Seja AB um segmento dado. Construir sobre esse segmento um triângulo equilátero.

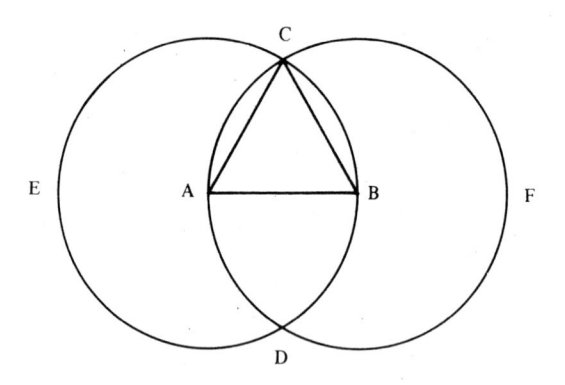

Com centro em A e raio de medida AB, constrói-se a circunferência BCED e com o mesmo raio e centro em B, a circunferência ACFD. No ponto C, onde as circunferências se cortam, tiram-se os segmentos CA e CB.

Como A é o centro da circunferência BCED, então AB = AC. E, como B é o centro da circunferência ACFD, AB = BC. Mas, como AB = CA — como já foi demonstrado —, segue-se que AC = BC. E, portanto, CA, AB, BC são todos iguais. Logo CAB é um triângulo equilátero e construído sobre o segmento dado AB, que era o que nos propunhamos fazer.

Tínhamos afirmado — de modo obscuro e difícil para os estudiosos de Geometria — que dado um ponto e um segmento, pode-se, a partir do ponto, construir um segmento igual ao dado. Mas, agora, deleitando o espírito do leitor e como que conduzindo-o, tornaremos clara, com letras e notas, a explicação da seguinte figura:

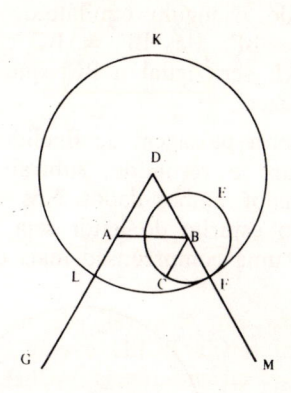

Sejam dados um ponto A e um segmento BC. Pede-se, em A, construir um segmento igual ao segmento dado.

Trace-se AB e construa-se sobre este segmento AB o triângulo equilátero DAB (o que é possível pelo problema anterior*) e prolongam-se os segmentos DA e DB a AG e BM. Como centro em B e raio BC, traça-se a circunferência CFE. Em seguida, com centro em D

* Conforme De Morgan, os três primeiros postulados de Euclides não permitem o transporte de uma distância por compasso e, portanto, este problema não poderia ser resolvido simplesmente traçando a circunferência de centro A e raio BC e unindo A a um ponto qualquer dessa circunferência. *Apud* HEATH T. L. *The Thirteen Books of Euclid's Elements*, New York, Cambridge Univ. Press, 1956 v. I, p. 246) (N. do T.).

e raio FD, traça-se a circunferência FKL. Sendo B o centro da circunferência CFE, segue-se que CB = BF e, sendo D o centro da circunferência FLK, DL = DF. Ora, DAB sendo triângulo equilátero, AD = DB e, portanto, AL = BF. Mas BF = BC como já mostramos e, assim AL será igual a BC, que era o que nos propunhamos fazer.

Numa terceira passagem de Euclides, propunha-se, de modo obscuro e resumido, subtrair um segmento menor de um maior, ambos dados. Nós agora, explicaremos para que o espírito do leitor seja levado passo a passo a atingir uma compreensão mais clara.

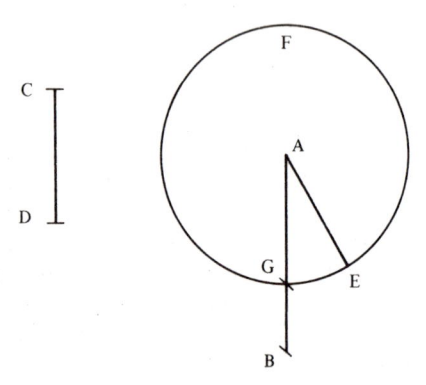

Sejam dados dois segmentos desiguais AB e CD e seja AB o maior. Deve-se subtrair o menor, CD, do maior, AB. Constrói-se em A, AE, tal que AE = CD (o que é possível pelo problema anterior). Com centro em A e raio AE constrói-se a circunferência EGF. Como A é o centro da circunferência EGF, AE, que é igual a

CD, é igual a AG; e AG = CD. E assim está feito o que nos propunhamos.

Se o leitor, era afastado pelo medo e vacilava em alguns dos problemas anteriormente propostos, agora, tendo sido iniciado nestas introduções — resumidas, mas tão necessárias — desta arte para os não-instruídos, pode encontrar e compor resoluções semelhantes sem reclamação de algum impedimento.

APRESENTAÇÃO DOS PROBLEMAS ARITMÉTICOS MEDIEVAIS

Se há uma época onde a cultura tem forma popular é a Idade Média. Tal afirmação é válida para diversos aspectos da cultura medieval.

Detenhamo-nos no caso do ensino de matemática. A queixa que sempre se houve hoje contra o ensino de matemática elementar é a de que é pesado, árido, carente de motivação etc.

Bem diferente, como se verá nos textos a seguir, é o ensino medieval. A pouca matemática que se conhece na época é ensinada de modo vivo, prático, atraente e bem-humorado.

Entre os fins desse ensino está, além da utilidade prática, o desenvolvimento da inteligência dos alunos ("ad acuendos juvenes"). E, assim, inclui-se, numa lista de problemas de aritmética, a questão sobre a relação de parentesco que há entre filhos de homens que casam um com a mãe do outro (problema 6), ou como transportar incólumes de uma a outra margem de um rio, um lobo, uma cabra e uma couve (quem diria que este conhecido problema é já milenar?).

Ensina-se de modo prático e divertido: como nas montagens aritméticas para adivinhar um número pensado por outra pessoa, ou apresentando os problemas em forma de historietas ("Dois homens andando viram cegonhas...", "Numa escada de 100 degraus, no 1.º degrau está pousada uma pomba, no 2.º degrau, duas, ..." etc.) às vezes com resultados surpreendentes (como nos problemas 1 e 4, por exemplo) ou desfechos inesperados como no problema 10.

Não se conheciam incógnitas nem equações, de tal modo que o aluno é levado a uma resolução que ele mesmo obtém e testa (veja-se por exemplo nosso comentário aos problemas 9 e 11).

Se do ponto de vista científico a época estava muito atrasada, seu senso de humor, pelo contrário, é avançadíssimo: observe-se, por exemplo, a resposta ao problema 3, bem como tantos e tantos textos medievais onde impera o popular, o riso, o informal.

São o reflexo de toda uma época. Quem ainda imagina a Idade Média povoada de monges sisudos com uma triste e pesada ascética, deve assistir a menos filmes e ler menos romances *sobre* Idade Média e procurar o contato com os textos medievais.

Especialmente os problemas 13 e 14 refletem o mau estado da matemática nos primeiros séculos da Idade Média; no século X, com Gerberto, recomeça o progresso da matemática: suas obras corrigem diversos erros dos séculos anteriores.

2. "PROBLEMAS PARA AGUÇAR A INTELIGÊNCIA DOS JOVENS" (PSEUDO-BEDA, O VENERÁVEL) *

1. *Problema da lesma:* Uma lesma foi convidada por uma andorinha para um almoço em local a uma légua de distância. A lesma só anda uma onça (1/12) de pé por dia. Diga, quem quiser, quantos anos ou dias andou a lesma para chegar ao almoço?

R.: Uma légua são 1.500 passos e, portanto, 7.500 pés ou 90.000 onças. Levou, portanto 90.000 dias, isto é, 246 anos e 210 dias.

2. *Problema do lobo, da cabra e da couve:* Certo homem devia passar de uma a outra margem de um rio, um lobo, uma cabra e um maço de couves. E não pôde encontrar outra embarcação a não ser uma que só comportava dois entes de cada vez, e ele tinha recebido ordens de transportar ilesa toda a carga. Diga, quem puder, como fez ele a travessia?

R.: Primeiro leva a cabra, deixando o lobo e a couve. Depois volta e retorna com o lobo: deixado o

---

* Por vezes, citaremos — indicando explicitamente que o faremos — as respostas de uma lista bastante semelhante de problemas que se encontram no volume 101 de *PL*, 1143-1160, Pseudo-Alcuíno, pois na coletânea atribuída no Migne a Beda, nem sempre se encontram as soluções dos problemas.

lobo fora, toma a cabra e volta com ela; deixa a cabra e leva a couve, volta remando, toma a cabra e a atravessa. E assim será feita uma travessia incólume, sem que nada seja devorado.

3. *Problema do boi:* Um boi que está arando todo o dia, quantas pegadas deixa ao fazer o último sulco?

R.: Nenhuma em absoluto. Pois o boi precede o arado e o arado segue o boi; e, assim, todas as pegadas que o boi faz na terra trabalhada, o arado as apaga. E, deste modo, não se encontrará no último sulco nenhuma pegada.

4. *Problema do rei e do seu exército arregimentado em 30 localidades:* Certo rei ordenou a um seu servo que convocasse exército em 30 localidades, de modo tal, que, em cada localidade arregimentasse tantos homens quantos para lá tivesse levado. Assim, na 1.ª localidade chegou o servo sozinho e, portanto, recrutou um homem; à 2.ª, chegaram 2 (o servo e o 1.º recruta) e, portanto, recrutaram outros 2; na 3.ª, 4; e assim por diante. Diga, quem puder, quantos homens foram arregimentados?

R.: Após passar pela localidade 1, o número de soldados era 2

Localidade	Soldados
1	2
2	4
3	8
.	.
.	.
30	1 073 741 824 *

* No original, erradamente 1073718184, N. do T.

5. *Problema dos dois caminhantes que viram cegonhas:* dois homens andando pelo caminho viram cegonhas e disseram entre si: — Quantas são? E, contando-as, disseram: Se fossem outras tantas, e ainda outras tantas; e, se somasse metade de um terço do que deu e ainda se acrescentassem mais duas, seriam 100. Diga, quem puder, quantas cegonhas foram vistas por eles inicialmente?

R.: (em Pseudo-Alcuíno): 28. Pois, 28 com 28 e 28, dá 84. Metade de um terço, 14; que somado com 84, dá 98, que acrescido de 2, resulta 100.

6. *Problema dos dois homens que casam um com a mãe do outro:* Se dois homens casam um com a mãe do outro, que relação de parentesco haverá entre seus filhos?

Relações de parentesco Segundo Isidoro de Sevilha (Século VII).

7. *Problema da escada de 100 degraus:* Numa escada de 100 degraus, no 1.º degrau está pousada 1 pomba; no 2.º, 2; no 3.º, 3; no 4.º, 4; no 5.º, 5; e assim em todos os degraus até o 100.º. Diga, quem puder, quantas pombas há no total?

R.: (em Pseudo-Alcuíno): Calcule-se assim: Tome a pomba do 1.º degrau e some-a às 99 do 99.º, o que dá 100. Do mesmo modo, as do 2.º com as do 98.º, somam 100. E assim degrau por degrau, juntando sempre um de cima com o correspondente de baixo, e obterá sempre 100. Some-se tudo junto com as 50 do 50.º degrau e as 100 do 100.º degrau que ficaram de fora, e obter-se-á 5 050.

8. *Problema do disco:* Um disco pesa 30 libras, ou seja, 360 onças, ou, o que é equivalente, 600 sólidos. E é feito de ouro, prata, auricalco e estanho. O que tem de ouro, três vezes tem de prata; o que tem de prata, três vezes tem de auricalco; o que tem de auricalco, três vezes tem de estanho. Quanto tem de cada metal?

R.: O ouro pesa 9 onças; a prata, 3 vezes 9 onças, isto é, 2 libras e 3 onças. O auricalco pesa o triplo da prata, isto é, 6 libras e 9 onças; e, finalmente o estanho, 20 libras e 3 onças. E, efetivamente, essa soma dá 30 libras*.

9. *Problema do comprador:* Disse certo negociante: Quero com 100 denários comprar 100 suínos; mas, cada porco custa 10 denários, cada leitoa, 5, e cada 2 porquinhos, 1 denário. Diga, quem entendeu, quantos porcos, leitoas e porquinhos devem ser com-

* Seguem-se as contas para a unidade sólidos.

prados para que o preço seja exatamente 100 denários, nem mais nem menos?

R.: 9 leitoas e 1 porco custam 55 denários e 80 porquinhos, 40. Já temos 90 suínos por 95 denários. Com os restantes 5 denários compram-se 10 porquinhos.

10. *Problema da morte de certo* paterfamilias: Certo *paterfamilias* morreu, deixando sua mulher grávida e um patrimônio de 960 sólidos*.

E deixou disposto que se nascesse um menino, ele deveria receber 9 onças (1 onça = 1/12) e a mãe, 3 onças. Se nascesse menina, ela deveria receber 7 onças e a mãe 5. E aconteceu que ela deu à luz gêmeos: um menino e uma menina. Resolva, quem puder, quanto recebeu a mãe, quanto o filho, quanto a filha.

R.: (Em Pseudo-Alcuíno) Somando 9 com 3 dá 12, do mesmo modo que 7 com 5 também dá 12. Assim, 12 com 12 dá 24 que é 2 libras ou 40 sólidos. 40 sólidos é a 24.ª parte de 960 sólidos. O filho recebe 9 partes, isto é, 360. A mãe recebe 3 partes por conta do filho e 5 pela filha, total de 8 partes, ou seja 320 sólidos. E a filha recebe 7 partes, ou seja, 280 sólidos**.

11. *Outro problema de* paterfamilias (Em Pseudo-Alcuíno): Certo *paterfamilias* tinha 100 dependentes, a quem mandou distribuir 100 medidas de provisões do seguinte modo: que os homens recebessem 3 medidas;

---

* Na formulação de Pseudo-Beda, 860; seguimos a Pseudo-Alcuíno, 960, pois este traz a resposta.

** Seguem-se os cálculos para libras etc.

as mulheres, 2; e as crianças, meia. Diga, quem for capaz, quantos homens, mulheres e crianças eram?

R.: 11 vezes 3, dá 33; 15 vezes 2, 30; 74 vezes meio, 37. 11 mais 15 mais 74 é 100; e, do mesmo modo, 33 mais 30 mais 37.

12. *Problema da tela:* Tenho uma tela de 100 cúbitos de comprimento e de 80 de largura. Quero daí fazer telinhas de 5 por 4. Diga pois, ó sabido, quantas telinhas podem-se fazer?

R.: De 400, 5 é a octogésima parte e 4, a centésima parte. Seja 80 multiplicado por 5, ou 100 por 4, sempre encontrará 400.

13. *Problema do campo triangular* (Pseudo-Alcuíno): Um campo triangular mede de um lado 30 pérticas, de outro também 30 e de frente 18. Diga, quem puder, quantos aripenos compreende?

R.: Os dois lados de 30 somados perfazem 60, cuja metade é 30 que multiplicado por 9 (que é a metade de 18) dá 270 (que é o cálculo da área em "pérticas quadradas"). Para expressar a área em aripenos é necessário dividir por 144 etc...

14. *Problema do campo circular:* Quantos aripenos tem um campo circular de 400 pérticas de circunferência.

R.: A quarta parte de 400 é 100; 100 multiplicado por 100 dá 10.000, que é a área. Para expressar em aripenos, divide-se por 144 etc.

BEDÆ PRESBYTERI

DE PLANETARUM ET SIGNORUM RATIONE.

Ilustrações na ed. Migne de Beda, o Venerável.

COMENTÁRIOS DO TRADUTOR AOS PROBLEMAS

Problema 1. A divisão é sempre encarada indiretamente: uma multiplicação às avessas. Assim, dividir 90.000 por 365 é verificar quantos 365 perfazem 90.000.

No caso, pode-se começar testando:

$$
\begin{array}{rl}
100 \times 365 =& 36.500 \\
+\ 100 \times 365 =& 36.500 \\
\hline
& 73.000 \\
+\ 40 \times 365 =& 14.600 \\
\hline
& 87.600 \\
+\ 5 \times 365 =& 1.825 \\
\hline
& 89.425 \\
+\ 1 \times 365 =& 365 \\
\hline
246 & 89.790 \text{ e resto } 210 \text{ dias.}
\end{array}
$$

Portanto, 246 anos e 210 dias.

Problema 2. Surpreende constatar que este problema seja tão antigo.

Problema 4. Ao contrário do que possa parecer, calcular 2^{30} no ábaco — a calculadora da época — é rápido e fácil (um inexperiente de hoje levou menos de 4 minutos). A resposta a este problema — como também ao problema 1 — surpreenderia os alunos, que intuitivamente esperariam resultado bem menor.

Problema 6. Este engenhoso problema carece de resposta no texto original.

Problema 9. Este problema, como os demais (ver comentário ao problema 11), era resolvido sem equações, incógnitas etc., recursos desconhecidos na época, mas por processos de tentativa. É interessante observar que, em se tratando de Educação Matemática, este procedimento medieval é considerado hoje, nos EUA, um dos mais avançados em termos de criatividade (cf. por exemplo, BENEDITO CASTRUCCI, "O Ensino de Geometria", *Educação & Matemática*, n.º I, pp. 39 e ss.).

Problema 11. Este problema, se resolvido hoje com sistema de equações, facilmente leva a diversas respostas (e não à única: 11, 15, 74). Vejamos:

Seja h = n.º de homens; m = n.º de mulheres; c = n.º de crianças. Temos que $h + m + c = 100$ e $3h + 2m + 0,5c = 100$. Donde, $5h + 3m = 100$ e, portanto admite as 7 seguintes soluções:

(h, m, c) = (2, 30, 68) ou (5, 25, 70) ou (8, 20, 72) ou (11, 15, 74) ou (14, 10, 76) ou (17, 5, 78) ou (20, 0, 80).

Problemas 13 e 14. Manifestam as deficiências matemáticas da época. Note-se o progresso nos textos geométricos de Gerberto, apresentados a seguir.

3. TEXTOS GEOMÉTRICOS DE GERBERTO

Nota prévia do tradutor: Os dois últimos problemas que recolhemos da coleção "Para Aguçar a Inteligência dos Jovens" receberão em Gerberto um tratamento mais cuidadoso: o da área do triângulo será discutido na curiosa "Carta a Adelboldo"; e o da área do círculo, no Cap. LXXI do seu *De Geometria* (PL 139, 144-145):

Calcular a área de um campo circular

Um campo circular, que tenha circunferência de 418 pérticas quantos aripenos tem de área? Tire de 418 sua 22.ª parte isto é, 19, divida por 3 e terá o diâmetro, no caso, 133. Divida por 2 e, o que deu — 66,5 — multiplique por metade da circunferência, isto é, por 209, e obterá com certeza a área: 13898,5. Para obter a área em aripenos, divida por 144, o que resulta 96,5 e resto 2,5 pérticas.

Comentários do Tradutor

O método utilizado por Gerberto é extremamente preciso. Utilizando-o, obteremos:

$$\pi d \xrightarrow{-\dfrac{\pi d}{22}} \dfrac{21}{22}\pi d \xrightarrow{\div 3} \dfrac{7}{22}\pi d \longrightarrow$$

$$\xrightarrow{\div 2} \frac{7}{22} \pi r \xrightarrow{\text{x}\pi r} \frac{7}{22} \pi^2 \, r^2 =$$

$$= 3{,}14 r^2 = \pi r^2$$

que é a área do círculo.

CARTA DE GERBERTO A ADELBOLDO (c. ano 999)
EXPLICANDO A DIFERENÇA ENTRE OS MÉTODOS ARITMÉTICO E GEOMÉTRICO PARA CALCULAR A ÁREA DE UM TRIÂNGULO

Gerberto saúda seu até o presente e sempre dileto Adelboldo com íntegra fidelidade e constante sinceridade.

Você tinha me pedido que, se eu tivesse alguma figura geométrica da qual você não tivesse ainda ouvido falar, lhe enviasse. E é o que eu deveria ter feito, mas estou tão oprimido pela escassez de tempo e pelo imediatismo dos assuntos seculares, que raramente tenho ocasião de escrever-lhe algo. No entanto, a fim de não lhe continuar desatendendo, escrevo-lhe sobre um erro a respeito da mãe de todas as figuras* em que estive até agora.

Nessas figuras geométricas que você recebeu de nós, havia um triângulo equilátero, cujo lado media 30 pés, altura 26, e segundo o produto do lado pela altura, sua área é 390. Mas, de acordo com a regra aritmética, calcula-se a área desse mesmo triângulo sem consideração da altura, a saber, multiplicando lado por lado e somando a esse produto a medida do lado, e, desse total, a metade será a área, no caso, 465. Mas, tendo discutido cuidadosa-

* O triângulo. N. do T.

mente aquela regra geométrica que usando a teoria da altura mede a área em 390, só concedo à altura 25 5/7 pés e à área 385 5/7. A regra universal para achar a altura de qualquer triângulo equilátero é que ela vale 6/7 do lado.

Para que você compreenda melhor o que estou dizendo, deixe-me exemplificar com números menores. Seja um triângulo (equilátero) de 7 pés de lado. Calcularei pela regra geométrica: tiro 1/7 do lado e o 6 que resta, fica para a perpendicular. Multiplico a altura pelo lado, 6 vezes 7 dá 42. A metade, 21, é a área do triângulo dado.

Se você calcula a área do mesmo triângulo pela regra aritmética: 7 vezes 7, dá 49, soma-se o lado, dá 56; dividindo por 2, para obter a área, dá 28. Ora, é impossível que um triângulo definido por uma só medida tenha áreas diferentes.

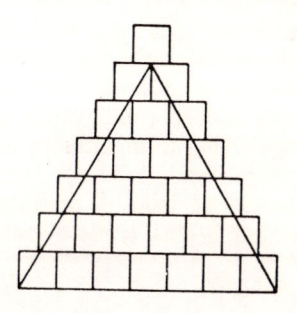

Mas, para que você não fique enredado por mais longo tempo, vou revelar a causa da diversidade. Creio que é de seu conhecimento o que chamamos de pés lineares, quadrados e cúbicos, e que, para medir áreas costumamos usar só pés quadrados. A regra aritmética calcula um todo do qual o triângulo ocupa só uma parte. Permita-me desenhar uma figura que tornará mais claro o que estou dizendo.

Assim, neste pequeno desenho tem-se 28 pés, ainda que não integralmente (ocupados pelo triângulo). A regra aritmética, tomando a parte pelo todo, conta como integral o que é parcial. A habilidade da disciplina geométrica suprime as pequenas partes que se estendem para além dos lados e computa só as partes e quadrados que permanecem dentro dos lados. Pois neste desenho onde o lado mede 7, se você procurar a altura, ela é 6. Multiplicando esse valor por 7 você terá um retângulo cuja base é 6 pés e o lado é 7 e, portanto, você determinará a área 42. Dividido por 2, você terá um triângulo de área 21.

Para entender tudo isso claramente, aplique seus olhos, e lembre-se sempre de mim.

4. PROBLEMAS DE ARITMÉTICA
PSEUDO-BEDA, O VENERÁVEL

1. ADIVINHAR UM NÚMERO PENSADO POR OUTRA PESSOA

Como saber qual o número pensado por outra pessoa?

Caso A — *Número par*. Que ela triplique o número que escolheu; o que der, que divida por 2, e o que der, triplique e diga quanto deu.

Dividindo o que deu por 9 e multiplicando por 2, ter-se-á adivinhado o número escolhido.

Caso B — *Número ímpar*. Que ela triplique o número que escolheu, divida em duas partes e tome a maior* e multiplique-a por 3. Pergunte quanto dá a divisão deste último número por 9. A resposta será: — Tal quociente e resto 6. Multiplicando o quociente por 2 e somando 1 (por causa do 6) ter-se-á adivinhado o número pensado inicialmente.

---

* O que Pseudo-Beda quer dizer é que sendo o número ímpar, da forma 2p + 1, uma "divisão" inteira por 2 produz duas partes: p e p + 1. Assim, se o n.º fosse 21, tomar-se-ia a "metade" maior, 11. (N. do T.).

Por exemplo, se o número pensado foi 2, triplicado dá 6, cuja metade é 3, cujo triplo é 9. Dividindo por 9 dá 1, que multiplicado por 2, dá 2, que é o número pensado.

Comentários do Tradutor

Um exemplo do último caso: se o número pensado foi 7; $7 \times 3 = 21$, cuja "metade maior" é 11. 11 triplicado dá 33, que dividido por 9 dá quociente 3 e resto 6. E assim, $3 \times 2 = 6$, $6 + 1 = 7$.

Hoje, dispondo de equações, é muito fácil desmontar a brincadeira de Pseudo-Beda:

Caso A -- Seja $2p$ o n.º pensado. Sua metade é p, que triplicada dá $3p$, que novamente triplicada resulta em $9p$. $9p$ dividido por 9 dá p, cujo dobro, $2p$, é o n.º pensado.

Caso B — Seja $2p + 1$ o número pensado, seu triplo é $6p + 3$, cuja "metade maior" é $3p + 2$ que, triplicada, dá $9p + 6$. $9p + 6$ dividido por 9, dá quociente p e resto 6. O quociente dobrado, $2p$, e acrescido de 1 (por conta do resto 6) resulta $2p + 1$, que é o número pensado.

2. OUTRO MODO DE ADIVINHAR UM NÚMERO PENSADO POR ALGUÉM

Que a pessoa triplique o número que pensou, o que der, divida por 2. Pergunte se a divisão deu exata. Se a divisão for exata, não registre nada; se não for exata, o adivinhador registra na memória o número 1.

Pede-se, a seguir, que a pessoa multiplique por 3 o último número que obteve (que é a metade do triplo do número pensado, ou a "metade maior", caso o número pensado tenha sido ímpar). E, novamente, o que der peça a ela que divida por 2 e pergunta-se se a divisão deu exata. Se a divisão deu exata, não registre nada; se não, registre o número 2.

Finalmente, que divida o que deu (a metade ou a "metade maior", conforme o caso) por nove e diga o quociente (inteiro). Multiplique este quociente por 4 (acrescente ao que der, se for o caso, o 1 e o 2 registrados) e terá adivinhado o número que ela pensou inicialmente.

Por exemplo, seja 6 o número pensado; triplicado, dá 18, cuja divisão por 2 é exata: 9 (e portanto não registre nada). 9, triplicado é 27. Dividindo 27 por 2 dá inexato, ficamos com a "metade maior": 14 (e registramos 2). O quociente da divisão de 14 por 9 é 1. 1 quadruplicado é 4, que somando com o 2 registrado dá 6 que é o número pensado inicialmente.

Note-se que se as duas divisões forem exatas, nada precisaremos registrar para somar ao final. Esta adivinhação tem estrutura diferente da anterior: nesta, duas vezes se triplica e há duas divisões por 2; naquela, porém, duas vezes se triplica mas só uma se divide por 2; nesta ao final, o 9 vale 4; naquela, 2.

Comentários do Tradutor

Justificação matemática:

Consideremos os quatro casos possíveis:

a) O número é da forma 2p, onde p é par:

$$2p \xrightarrow{\times 3} 6p \xrightarrow{\div 2} 3p \xrightarrow{\times 3} 9p \xrightarrow{\div 2} \frac{9p}{2}$$

$$\xrightarrow{\div 9} \frac{p}{2} \xrightarrow{\times 4} 2p$$

b) O número é da forma 2p, onde p é ímpar:

$$2p \xrightarrow{\times 3} 6p \xrightarrow{\div 2} 3p \xrightarrow{\times 3} 9p \xrightarrow[\text{registre } 2]{\div 2}$$

$$\frac{9p+1}{2} \xrightarrow{\div 9} \text{quociente } \frac{p-1}{2} \xrightarrow{\times 4}$$

$$2p-2 \xrightarrow[\text{registro}]{+2 \text{ do}} 2p$$

c) O número é da forma $4p + 1$:

$$4p + 1 \xrightarrow{\times 3} 12p + 3 \xrightarrow[\text{registre } 1]{\div 2} 6p + 2 \xrightarrow{\times 3}$$

$$18p + 6 \xrightarrow{\div 2} 9p + 3 \xrightarrow{\div 9} p \xrightarrow{\times 4}$$

$$4p \xrightarrow[\text{registro}]{+1 \text{ do}} 4p + 1$$

d) O número é da forma $4p - 1$:

$$4p - 1 \xrightarrow{\times 3} 12p - 3 \xrightarrow[\text{registre } 1]{\div 2} 6p - 1 \xrightarrow{\times 3} 18p - 3$$

$$\xrightarrow[\text{registre } 2]{\div 2} 9p - 1 \xrightarrow{\div 9} p - 1 \xrightarrow{\times 4} 4p - 4$$

$$\xrightarrow[\text{dos registros}]{+1+2} 4p - 1$$

3. OUTRA ADIVINHAÇÃO

Como adivinhar em que dia da semana (*feria*) (neste problema — semelhante à língua portuguesa — enumeram-se os dias da semana: *feria* 2.ª, *feria* 3.ª etc. Domingo = *feria* 1.ª e Sábado = *feria* 7.ª) uma pessoa fez uma coisa qualquer? Pense o dia da semana, dobre e some 5. O que der, multiplique por 5 e, em seguida por 10, subtraia 250 e diga quanto deu. Dividindo este número por 100, obter-se-á o resultado.

Por exemplo, se se trata do 3.º dia da semana:

3; $3 \times 2 = 6$; $6 + 5 = 11$; $11 \times 5 = 55$; $55 \times 10 = 550$; $550 - 250 = 300$; $300 \div 100 = 3$.

COMENTÁRIO DO TRADUTOR

Justificação matemática: Seguindo os passos indicados:

n; 2n; 2n + 5; (2n + 5) × 5 = 10n + 25; (10n + 25) × 100 = 100n + 250; 100n + 250 − 250 = 100n; 100 n ÷ 100 = n, como queríamos adivinhar.

4. CONSIDERAÇÕES SOBRE OS NÚMEROS NEGATIVOS *

Positivo somado com positivo dá positivo. Negativo com positivo dá positivo, positivo com negativo dá negativo**. Negativo com negativo dá negativo. O positivo indica realidade; o negativo, nada significa.

Ao fazer uma soma de um positivo, isto é, verdadeiro e real, com um negativo qualquer, compare os dois somandos: o maior vence o menor e absorve-o conforme a magnitude de sua quantidade. Por exemplo, se somados um positivo, isto é, real, digamos 7, com um irreal como o 3 negativo; estes dois adicionados — um que é, outro que não é — dão um número, pois o verdadeiro (positivo) é maior que o negativo.

Assim como o 7 com 3 negativo dá 4 (porque o 7 vence o 3); assim o 3 positivo se adicionado ao 7 negativo, por ser maior o do nada (o negativo) que real (o positivo), prevalece o 7 inexistente sobre

---

* "Positivo" traduz *verum* (verdadeiro) pois o número negativo (*minus*) era considerado irreal, não existente (N. do T.).

** Subentende-se que o de menor módulo é enunciado antes (N. do T.).

o 3 subsistente e absorve-o em sua inexistência resultando um 4 inexistente. E, desse modo se diz que 3 com 7 negativo dá 4 negativo.

Já dois inexistentes como 3 negativo e 7 negativo perfazem 10 negativo, tal como o 7 e o 3 verdadeiros perfazem 10 positivo.

Resumindo, 3 com 7 dá 10,
          3 negativo com 7 dá 4
          3 com 7 negativo dá 4 negativo
          3 negativo com 7 negativo dá 10 negativo.

IV — DHUODA E O "MANUAL PARA MEU FILHO"

1. ESTUDO INTRODUTÓRIO

1. UM TRATADO MEDIEVAL DE EDUCAÇÃO

O *Manual para meu Filho*, do qual recolhemos aqui alguns trechos, foi escrito por Dhuoda — esposa de Bernardo, duque da Septimânia —, entre os anos 841 e 843. O manual dirige-se a Guilherme, seu filho primogênito, que contava então 16 anos e se encontrava em campanha militar, afastado da mãe.

O *Manual* é de longe — como diz Pérnoud[1] — o mais antigo tratado francês sobre Educação; e, como observa Riché[2], enquanto obra pedagógica é única no gênero, muito diferente dos demais *Espelhos* carolíngios.

1. Um excelente capítulo sobre Dhuoda encontra-se no livro de PÉRNOUD *A Mulher no Tempo das Catedrais*, Lisboa, Gradiva, 1984, p. 50 e ss.
2. DHUODA: *Manuel pour mon fils. Introduction, Texte critique, notes par Pierre Riché. Texto bil. trad. par B. Vregille et C. Mondésert*, Paris, Ed. du Cerf, 1975. Coll. Sources Chrétiennes, n.º 225. Nossa tradução e a quase totalidade das notas aos textos de Dhuoda foram feitas a partir do texto dessa edição.

Na época carolíngia, *Manual* é, por vezes, sinônimo de *Espelho*, no sentido em que a própria Dhuoda o diz em seu prefácio: "Encontrarás, filho, neste livro um espelho em que poderás contemplar a saúde de tua alma".

O *Espelho* é um gênero literário que traça o retrato de um ideal, especialmente o ideal moral. Na Gália franca, os espelhos eram sobretudo obras de espiritualidade escritas por clérigos para leigos. Daí a extrema originalidade de Dhuoda, uma mulher, leiga, e mais: uma mãe escrevendo para seu filho. Original também é o caráter pessoal e autobiográfico que Dhuoda imprime ao livro, que não se reduz a um tratado de moral ou espiritualidade, mas visa à formação geral do perfeito *gentleman*.

2. OS AUTORES MEDIEVAIS E A ETIMOLOGIA

O *Manual* começa com uma extensa discussão da etimologia da própria palavra *manual (manualis)*. Dhuoda explica que *manus* (em *manualis*) pode significar mão e, por extensão, poder, o poder de Deus, ou do Filho de Deus, ou ainda o próprio Filho de Deus etc.

Alis (outra parte de *manualis*), por sua vez, pode significar fim, ou a ave cujo canto anuncia o fim da noite e o começo de um novo dia, a luz (Cristo).

Assim *manualis* é o fim da ignorância e o raiar da luz de Cristo, etc.

Note-se que os autores medievais têm, com relação à linguagem, uma atitude bastante diferente da que geralmente temos nós hoje.

Se para nós a linguagem costuma ser considerada como mera convenção (e nem reparamos, por exemplo, que coleira, colar, colarinho se relacionam com colo; ou que pulseira procede de pulso); na Idade Média, pelo contrário, anseia-se por saborear a transparência de cada palavra. Daí a extrema importância que os autores medievais dão às etimologias; é certo que não muito preocupados com o rigor científico: se a interpretação não for verdadeira (e freqüentemente não o é), pelo menos é *"bene trovata"*.

Seja como for, a linguagem é para eles diferente, saborosa. No grande mestre medieval das Etimologias, Santo Isidoro de Sevilha (séc. VII) encontramos, entre milhares de outros, os seguintes exemplos:

surdus (surdo) — provém de *sordibus* (sujeiras, que impedem a audição)
enorme — fora do normal, que excede a norma.
ventus (vento) — vem de *violentus* (violento)
nobilis (nobre) — *non vilis* (não vulgar)

Com todos os erros e imprecisões das etimologias da Idade Média, temos de reconhecer no entanto que a atitude medieval em relação à linguagem é mais rica do que a nossa: quem por exemplo emprega as palavras sábio, sabedoria, saber e sabor reparando que procedem do mesmo verbo *sapere* (saborear) não só *sabe* mais a respeito da realidade, mas também a *saboreia*.

3. POESIA E ACRÓSTICOS

Queremos destacar aqui outro procedimento freqüente nos autores medievais: acrósticos e enigmas com letras nos poemas. Depois da discussão etimológica introdutória, Dhuoda começa o *Manual* com uma poesia onde as primeiras letras de cada verso acabam por compor na vertical a frase:

DHUODA SAÚDA O SEU QUERIDO FILHO GUILHERME.

O interesse desses procedimentos justifica uma exemplificação à parte, o que faremos no comentário à poesia *Ave verum corpus natum*, no capítulo seguinte.

4. O CONTEÚDO DO MANUAL

Recolhemos a seguir, o resumo que Riché faz do conteúdo do *Manual*, de modo que o leitor se encontre melhor situado ante os textos de Dhuoda que apresentaremos.

Após a discussão etimológica, o acróstico dedicatório e um prefácio, seguem-se 73 capítulos, que podem ser agrupados em 11 partes:

I — Dhuoda fala inicialmente de Deus. Do amor de Deus, da busca de Deus, da grandeza e sublimidade de Deus.

II — A seguir, o mistério da Trindade as virtudes teologais, com especial ênfase na caridade. Há conselhos práticos sobre o modo de orar.

III — A moral social. Os deveres de Guilherme para com seu pai e superiores.

IV — Os vícios e as virtudes (tal como nos espelhos carolíngios).

V — As tribulações que ameaçam o homem e de como não devem impedi-lo de dar glória a Deus.

VI — O caminho para Guilherme atingir a perfeição.

VII — O duplo nascimento (carnal e espiritual) e a dupla morte (temporal e eterna).

VIII — De como Guilherme deve orar pelo clero, pelos reis, pelos familiares vivos e defuntos etc.

IX — Antes de terminar o livro, Dhuoda desenvolve uma curiosa aritmética onde mostra um sentido bíblico para cada número.

X — Faz o histórico da vida de Guilherme, fala dos defuntos da família, resume o *Manual* e expressa o epitáfio que ela quer sobre sua própria tumba.

XI — O manual termina com uma indicação sobre o modo como Guilherme deve cantar os Salmos.

5. O TOM DO MANUAL

Ao referir-se ao estilo e à forma com que Dhuoda, como educadora, instrui seu filho, Régine Pernoud assinala — entre outras — as seguintes características (que o leitor poderá encontrar nos textos de Dhuoda aqui recolhidos):

— O tom nada autoritário, mas, pelo contrário, repleto de ternura; o que, aliás, condiz com o primeiro princípio que Dhuoda propõe a seu filho: amar.

— O ensino é transmitido não por raciocínio, deduções ou teorias mas de modo concreto e ilustrado por episódios e histórias (como a dos cervos que atravessam o rio): os exemplos tirados da vida, da experiência humana e principalmente da Bíblia (que permeia, com profundidade, todo o *Manual*).

— O tom extremamente positivo dos conselhos de Dhuoda (que só utiliza palavras duras para os hipócritas).

— A profunda cultura que Dhuoda manifesta junto com uma grande humildade pessoal.

2. "MANUAL PARA MEU FILHO"

PRÓLOGO

A muitos são evidentes muitas coisas que para mim, no entanto, permanecem escondidas. Se os que se assemelham a mim em espírito obscuro são carentes de inteligência, o mínimo que posso dizer de mim mesma é que eu o sou ainda mais[1].

Sempre, porém, está presente Aquele que "abre a boca dos mudos e torna eloqüente a língua das crianças"[2]. E eu, Dhuoda, apesar de fraca de inteligência e indigna das dignas mulheres, sou, no entanto, tua mãe, e a ti, Guilherme, dirijo as palavras deste manual.

Assim como o jogo de tábulas é considerado para os jovens a mais adequada das diversões; assim como algumas mulheres têm o hábito de mirar sua face no espelho para se limparem e se apresentarem belas para agradar a seus maridos; assim espero que tu — embora atarefado nas ocupações deste mundo — não neglicencies ler

1. Cfr. II Cor. 11,23.
2. Sab. 10,21.

freqüentemente este pequeno livro — em lembrança de tua mãe — que escrevi para ti, como se se tratasse de espelho ou de jogo de tábulas.

Ainda que possuas muitos, e cada vez mais, livros, toma gosto por ler freqüentemente meu opúsculo. Espero que possas, com a ajuda de Deus todo-poderoso, compreendê-lo e dele tirar proveito.

Encontrarás neste livro um resumo de tudo que desejas conhecer e também um espelho em que poderás contemplar sem hesitação a saúde de tua alma. A fim de que possas em tudo agradar não só ao mundo mas Àquele que do barro da terra te formou[3]. Isto é necessário sob todos os pontos de vista, Guilherme, meu filho, para que tenhas, nos dois planos, uma vida tal que sejas útil ao mundo e sejas também capaz de agradar sempre a Deus em todas as coisas.

Minha grande preocupação, Guilherme meu filho, é a de te dirigir palavras salutares. Em particular, meu coração vigilante deseja ardentemente que tenhas, com o auxílio de Deus, neste pequeno volume, exposto convenientemente em boa ordem, o que se refere a teu nascimento[4].

Do Cap. III, 10 — DO TEU RELACIONAMENTO COM GRANDES E PEQUENOS

Propõe-te como exemplo uma metáfora: a daquele homem de quem está escrito "A sua mão irá de en-

3. Gen. 2,7.
4. "Nascimento", para Dhuoda, refere-se também à vida espiritual.

contro à de todos e a de todos irá de encontro a ele"[5]. Tomando esta frase em bom sentido, eu te exorto a seres assim em tudo: que tua mão seja diligente em fazer o bem aos grandes e aos mais pequeninos, aos teus iguais e à gente humilde, na medida em que possas e venhas á poder. Presta serviço e honra não só com palavras, mas com obras e com doçura de linguagem: pois está escrito a propósito de quem dá: "Deus ama a quem dá com alegria"[6]. E também está escrito que a doçura das palavras prevalece sobre a própria dádiva[7]: tu deves praticar uma e outra coisa.

Se te aplicas de bom grado a fazer o bem a todos, então se cumprirá para ti a sentença citada mais acima, a saber, que tua mão que de boa vontade presta serviço, irá ao encontro de todos para dar e todos ao teu encontro virão para te ajudar ou para te agraciar pelos méritos de teus atos.

Ama a todos para por todos seres amado; quer bem para que sejas querido. Se amas a todos, todos te amarão. Aprende, na Gramática, a ler a conjugação do amor. Se tu, singular, amas; eles, plural, te amarão. Tal como está escrito na Gramática de Donato[8]: "Amo-te e sou por ti amado", "Beijo-te e sou por ti beijado", "Quero-te e sou por ti querido". Na gramática há ainda

5. Gen. 16,12.
6. II Cor. 9,7.
7. Riché anota: Tg 1,17; no entanto, parece-nos mais próprio: Sir. 18,17.
8. Dhuoda diz "o poeta Donato". Donato é, na realidade, o famoso autor de Gramática. Neste parágrafo, desenvolvemos um pouco o pensamento, demasiadamente condensado, de Dhuoda

outras lições que deves aprender a ler em sentido figurado, como a que ensina que não há só o singular "Eu, meu, me, mim", mas também o plural "Eles, deles, lhes, os".

Quanto a ti, Guilherme meu filho, quer bem e conhece aqueles pelos quais desejas ser conhecido; ama, venera, acolhe e honra a todos a fim de que mereças receber de todos um benefício recíproco e a honra conveniente.

A esse respeito, um certo doutor[9], fazendo uma comparação com um animal mudo, anota em breves palavras um belo exemplo muito esclarecedor e edificante. Diz, com efeito, a propósito do Salmo 41: "Tal como o cervo anseia pelas águas...", que os cervos têm o costume — quando atravessam em grupo os lagos ou os grandes e turbulentos rios — de ir um atrás do outro, com a cabeça e os chifres apoiados no dorso do precedente. Um sustenta o pescoço a outro e, assim, descansando um pouco, podem mais fácil e rapidamente fazer a travessia.

E tal é sua inteligência e sagacidade que ao perceber a fadiga do primeiro, eles o substituem na fila dando-lhe o último lugar e o mais próximo passa a ser o primeiro para o alívio e reconforto dos demais. Deste modo, revezando-se, cada um por seu turno, a afeição fraterna lhes inspira sucessivamente compaixão pelos

---

9. A alegoria do cervo, da *História dos Animais* de Plínio o Velho, anota Riché, encontra-se também nos Santos Padres: em Agostinho (*Enn. in Ps.* 41, 2-4, PL 36, 466) e em Gregório Magno (*Moral.* XXX, 10, 36, PL 76, 543).

outros. E estão continuamente vigilantes para manter sobre as águas a cabeça e os chifres a fim de não se submergirem no fundo do rio.

O sentido a extrair deste relato é claro para os instruídos. Tudo é imediatamente claro a seu olhar. Esta mútua ajuda e este revezamento sucessivo mostram que é necessário praticar de todos os modos e por toda a parte a caridade para com o gênero humano: tanto para com os grandes quanto para com os pequenos, pela compaixão fraterna.

De fato, lemos que isto é o que foi plenamente praticado outrora por muitos, especialmente entre os santos apóstolos e seus imitadores. Está escrito: "Não havia entre eles nenhum necessitado e tudo entre eles era comum", pois tinham em Deus "um só coração e uma só alma"[10], praticando sempre reciprocamente uma compaixão fraterna em Cristo Jesus.

Cap. VI 2. EU TE CONVIDO A SER UM HOMEM PERFEITO

Bem-aventurado o homem que, graças a seus méritos, caminhando ainda sobre a Terra, evita andar no lodo e na lama. O seu nome já se encontra escrito no Reino dos Céus[11].

Se queres saber, meu filho, como é tal homem e quais são as virtudes que o enriquecem e o tornam cumulado de honras ao mesmo tempo que lhe conferem o gozo do Reino e do Tabernáculo de Deus, então escuta

10. Cfr. At. 2,44 e 55.
11. Cfr. Lc. 10,20.

o Profeta, que a modo de interrogação diz: "Senhor, quem há de habitar em Vosso Tabernáculo, quem repousará em Vosso Monte Santo?"[12] "Mostrai-me ó Senhor".

Eis, filho, que ouvimos a pergunta. Agora devemos procurar aprender e entender a resposta que o Senhor dá.

Cap. VI 3. EU TE MOSTRO COMO TU PODES SER ESSE HOMEM PERFEITO COM A AJUDA DE DEUS

Ora, a resposta é: Tal homem é aquele que:

1. anda sem mancha;
2. pratica a justiça;
3. fala a verdade;
4. em cuja língua não há dolo nem engano;
5. não faz mal ao próximo;
6. não jura para o enganar;
7. não empresta dinheiro com usura;
8. não faz injúria a seu próximo;
9. não recebe presentes para condenar um inocente[13];
10. suporta com paciência as injustiças que lhe são feitas;
11. mantém suas mãos inocentes[14];

---

12. Tal pergunta é o início do Salmo 14. A resposta do salmista será recolhida por Dhuoda nos parágrafos seguintes.

13. Dhuoda recolhe estas 9 primeiras características do homem perfeito do Salmo 14.

14. 11 e 12 encontram-se no Salmo 23.

12. é puro de coração e casto de corpo;
13. pôde transgredir a lei mas não a violou;
14. pôde fazer o mal mas não o fez[15];
15. estende, quanto pode, a mão ao pobre[16].

Tal homem pode habitar com segurança as alturas dos Tabernáculos de Deus e, uma vez que seus bens estão fixados em Deus[17], o maligno fica reduzido a nada em sua presença.

Esse homem, perseverando nas boas obras, faz sempre honra àqueles que temem a Deus[18].

Cap. X 2. VERSOS COMPOSTOS A PARTIR DAS LETRAS DE TEU NOME (*)

1. Para seres valente e valoroso, ó excelente filho, não deixes de ler as palavras que te escrevi: nelas encontrarás facilmente aquilo que pode agradar-te.
2. Viva é a palavra de Deus[19]: busca-a! Instrui-te diligentemente na Sagrada Doutrina. Será assim tua alma cumulada de grandes alegrias pelos séculos.

15. 13 e 14 estão no livro do Eclesiástico 31,10.
16. Idem, 7,36.
17. Idem, 31,11.
18. Sl. 14,4.
19. Hbr. 4.12.

(*) No original, as iniciais destas estrofes compõem: "Versos para Guilherme".

3. Que o Rei da força e da imensidão, da glória e da piedade, se digne sempre nutrir tua alma de criança e de jovem; que Ele a proteja e a defenda em todas as horas.

4. Sê, com efeito, humilde em teu espírito e casto em teu corpo; pronto a servir. Mostra-te quanto possas sempre respeitoso com todos, grandes e pequenos.

5. Teme e ama em primeiro lugar o Senhor Deus com todo o teu coração, com toda a tua mente e com todas as tuas forças[20]. E, em seguida, de todas as formas, a teu pai.

6. Quanto ao glorioso descendente de uma estirpe[21], de uma nobre linhagem — que ele se eleve pelo brilho de seus feitos —, não deixes de servi-lo assiduamente

7. Ama os grandes da corte, tem consideração pelos teus superiores, sê condescendente com os pequenos, freqüenta as pessoas de bem, cuida para não te curvares aos orgulhosos e aos maus.

8. Honra sempre os verdadeiros e legítimos ministros sagrados, os dignos pontífices. Estende a mão com simplicidade e encomenda-te sempre às orações dos guardiães dos altares.

9. Ajuda constantemente as viúvas e os órfãos; aos estrangeiros, oferece alimento, bebida e hospitalidade. Ao que está nu, estende-lhe a mão providenciando-lhe vestimentas.

20. Mc. 12,33.
21. Dhuoda evoca aqui a pessoa do rei.

10. Como juiz, sê justo e competente nas causas. Não recebas subornos jamais. Não oprimas a ninguém. Deus, que é o Benfeitor, te recompensará.

11. Sê generoso ao dar, sê sempre prudente e atento, procurando ser amável e estar de bem com todos. Sê feliz no teu íntimo e a face ser-te-á jubilosa.

12. Um único Recompensador pesa os prós e os contras, retribui os méritos de cada um pelas suas obras, atribui às ações e às palavras a mais alta das recompensas: a estrela dos céus[22].

13. Bem, nobre filho, aplica-te com todo o teu esforço a não seres negligente na aquisição de uma tal recompensa, desprezando o fogo que do piche se nutre.

14. Ainda que tua juventude aos impulsos da adolescência se possa contar em quatro vezes quatro anos, gradativamente teus membros delicados vão ganhando o vigor da idade.

15. Parece-me muito distante o tempo em que teria a ventura de te rever. Mesmo se me fossem dadas forças, não sou merecedora de tal mercê.

16. Oxalá vivas com a alma em paz para Aquele que te criou, e, unido à santa companhia de seus servidores, ressuscites venturosamente, uma vez percorrido teu caminho.

---

22. Cf. Apoc. 2,28.

17. Ainda que meu espírito vague pela obscuridade, eu no entanto te exorto a ler assiduamente as páginas deste livro e a gravá-las em tua alma.
18. Termino estes versos, com a ajuda de Deus, agora que duas vezes oito anos já transcorreram, na festa de S. André[23], começo de dezembro, mês do Advento do Verbo.

---

23. 30 de novembro, que é o 2.º dia das calendas de dezembro.

V — UMA POESIA MEDIEVAL: O AVE VERUM CORPUS NATUM

AVE VERUM

A - ve verum Corpus na-tum de Ma-rí-a Vír-gi-ne: Ve-re passum, immo-lá-tum in cru-ce pro hó-mi-ne. Cuius la-tus per-fo-rá-tum flu-xit a-qua et sán-gui-ne. Es-to no-bis præ-gu-stá-tum mortis in ex-á-mi-ne. O Ie-su dul-cis! O Ie-su pi-e! O Ie-su fi-li Ma-rí-æ!

ESTUDO INTRODUTÓRIO E TEXTO

Uma das mais célebres poesias medievais é o *"Ave verum corpus natum"*, hino do século XIV que, além da tão suave melodia gregoriana tradicional, recebeu composições de Mozart, Schubert, Gounod e de tantas outros que em seus versos se inspiraram.

Neste capítulo, a partir do exame da poesia que a tradição litúrgica fez chegar aos dias de hoje, fazemos algumas observações que podem, talvez, ser úteis para o resgate do texto original face às dúvidas que a crítica histórica tem encontrado.

É uma poesia breve, apenas 5 versos, mas de alta densidade teológica: celebrando os mistérios da Encarnação do Verbo, Paixão e Eucaristia.

O texto cantado atualmente na Liturgia é o seguinte:

Ave verum corpus natum de Maria Virgine
Vere passum, immolatum in cruce pro homine
Cuius latus perforatum fluxit aqua et sanguine
Esto nobis praegustatum mortis in examine
O Iesu dulcis, o Iesu pie, o Iesu fili Mariae.

Salve, ó verdadeiro corpo nascido da Virgem Maria

Que verdadeiramente padeceu e foi imolado na cruz em favor do homem

De seu lado transpassado fluiu água e sangue

Sê para nós antegozo (do Céu) na hora tremenda da morte

Ó doce Jesus, ó bom Jesus, ó Jesus filho de Maria.

No criterioso artigo que escreveu para a *Enciclopedia Cattolica*, Igino Cecchetti aponta as dúvidas que pairam sobre a forma original do texto do *Ave verum*, dada a diversidade de formulações nas composições e códices:

1) No 4.º verso, a variante *in mortis examine* (ao invés de *mortis in examine*).

2) No 3.º verso, *unda fluxit et sanguine* (ao invés de *fluxit aqua et sanguine*).

3) No 5.º verso, *O dulcis, o pie, o Iesu fili Mariae* (ao invés de *O Iesu dulcis, o Iesu pie, o Iesu fili Mariae*).

Procurando, diante dessas alternativas, reencontrar o texto original, parece-nos que somente a primeira deve ser acolhida. Isto é, o *Ave verum* — tal como formulado pelo seu autor — seria o que atualmente cantamos, somente substituindo, no 4.º verso, *mortis in examine* por *in mortis examine*. Mas, em que podemos basear esta pretensão? Com base na análise interna do texto, considerado segundo os padrões de escrita medievais.

Como se sabe, os autores antigos não separavam as palavras ao escrever, de tal modo que a poesia se apresentaria da seguinte forma:

```
AVEVERUMCORPUSNATUMDEMARIAVIRGINE
VEREPASSUMIMMOLATUMINCRUCEPROHOMINE
CUIUSLATUSPERFORATUMFLUXITAQUAETSANGUINE
ESTONOBISPRAEGUSTATUMMORTISINEXAMINE
OIESUDULCISOIESUPIEOIESUFILIMARIAE
```

É também bastante conhecido o gosto que os autores medievais tinham pelos acrósticos e outros arranjos de letras na poesia. No caso, a 1.ª vogal, *A*, como 1.ª letra do 1.º verso; *E como* 2.ª letra do 2.º verso... até *U* como 5.ª letra do 5.º verso. Em função deste arranjo, podemos descartar a proposta alternativa — aliás tardia — do 5.º verso como: *O dulcis, o pie*, etc.

Lembrando, finalmente, que a terminação *UM* é, na época, abreviada por *Ũ* e se supusermos — com alguns dos antigos códices — a variante *in mortis examine*, teremos:

```
AVEVERŨCORPUSNATŨDEMARIAVIRGINE
VEREPASSŨIMMOLATŨINCRUCEPROHOMINE
CUIUSLATUSPERFORATŨFLUXITAQUAETSANGUINE
ESTONOBISPRAEGUSTATŨINMORTISEXAMINE
OIESUDULCISOIESUPIEOIESUFILIMARIAE
```

Neste quadro ressalta mais um arranjo de vogais intencional (a probabilidade de ocorrer casualmente uma seqüência A, E, I, O, U é da ordem de 1 para 10.000). Com isto, parece-nos mais plausível descartar as formulações *unda fluxit et sanguine* e a atual *mortis in examine* e considerar que o texto original talvez seja o acima transcrito. Conjectura que, como tudo em História, requererá a confirmação pela análise de documentos.

ÍNDICE ONOMÁSTICO

ALBERTO MAGNO 72
ALCUÍNO 71 e ss.
ANTONIUS MELISSA 86
ARISTÓTELES 24, 86
ATANÁSIO 44
BOÉCIO 23 e ss., 41, 89 e ss.
CÂMARA CASCUDO, L. 76
CARLOS MAGNO 71 e ss.
CASTRUCCI, Benedito 105
CECCHETTI, Igino 140
DANIEL-ROPS 35
DE MORGAN 93
DIÓGENES LAÉRCIO 86
DHUODA 121 e ss.
DONATO 129
EUCLIDES 24, 91 e ss.
GEISENHEYMER, Max 40
GERBERTO 25, 96, 107 e ss.
GERBIRGA 34
GILSON, Étienne 32
GIRARDI, Mario 35 e ss.
GOUNOD 139
GREGÓRIO DE TOURS 84
HEATH, T.L. 93
ISIDORO DE SEVILHA 31, 123
JERÔNIMO, São 36
KNUDSEN, Hans 40
LIMA DUARTE 37

MEHLMANN O.S.B., D. João 37, 44, 84
MOZART 139
NUNES, Ruy 32, 40, 43
PERNOUD, Régine 19, 39, 121, 125
PEPINO 71 e ss.
PIEPER, Josef 23, 73
PLATÃO 24
PLAUTO 31
PLÍNIO o Velho 130
PSEUDO-ALCUÍNO 97 e ss.
PSEUDO BEDA 97 e ss., 111 e ss.
PSEUDO DIONÍSIO 74
QUACQUARELLI, A. 77
QUERCETANI, A. 71
RICARDA 34
RICAUMONT, J. 32, 34
RICHÉ, Pierre 121 e ss.
ROSVITA 28 e ss.
RUFINO 37
SABATIER, R. 72
SCHNEIDERHAN, J. 32
SCHUBERT 139
SEDÚLIO 44
SIMEÃO METAFRASTE 35 e ss.
TEODORICO 23
TERÊNCIO 31 e ss.
TERESA DE JESUS 44
TERTULIANO 30

COLEÇÃO ELOS

1. *Estrutura e Problemas da Obra Literária*, Anatol Rosenfeld.
2. *O Prazer do Texto*, Roland Barthes.
3. *Mistificações Literárias: "Os Protocolos dos Sábios de Sião"*, Anatol Rosenfeld.
4. *Poder, Sexo e Letras na República Velha*, Sergio Miceli.
5. *Do Grotesco e do Sublime*, Victor Hugo (Trad. e Notas de Célia Berrettini).
6. *Ruptura dos Gêneros na Literatura Latino-Americana*, Haroldo de Campos.
7. *Claude Lévi-Strauss ou o Novo Festim de Esopo*, Octavio Paz.
8. *Comércio e Relações Internacionais*, Celso Lafer.
9. *Guia Histórico da Literatura Hebraica*, J. Guinsburg.
10. *O Cenário no Avesso*, Sábato Magaldi.
11. *O Pequeno Exército Paulista*, Dalmo de Abreu Dallari.
12. *Projeções: Rússia/Brasil/Itália*, Boris Schnaiderman.
13. *Marcel Duchamp ou o Castelo da Pureza*, Octavio Paz.
14. *Os Mitos Amazônicos da Tartaruga*, Charles Frederik Hartt (Trad. e Notas de Luís da Camâra Cascudo).
15. *Galut*, Itzack Baer.
16. *Lenin: Capitalismo de Estado e Burocracia*, Leôncio M. Rodrigues e Otaviano de Fiore.
17. *Círculo Lingüístico de Praga*, Org. J. Guinsburg.
18. *O Texto Estranho*, Lucrécia D'Aléssio Ferrara.
19. *O Desencantamento do Mundo*, Pierre Bourdieu.
20. *Teorias da Administração de Empresas*, Carlos Daniel Coradi.
21. *Duas Leituras Semióticas*, Eduardo Peñuela Cañizal.

22. *Em Busca das Linguagens Perdidas*, Anita Salmoni.
23. *A Linguagem de Beckett*, Célia Berrettini.
24. *Política e Jornalismo*, José Eduardo Faria.
25. *Idéia do Teatro*, José Ortega y Gasset.
26. *Oswald Canibal*, Benedito Nunes.
27. *Mário de Andrade/Borges*, Emir Rodríguez Monegal.
28. *Política e Estruturalismo em Israel* Ziva Ben-Porat e Benjamin Hrushovski.
29. *A Prosa Vanguardista na Literatura Brasileira: Oswald de Andrade*, Kenneth D. Jackson.
30. *Estruturalismo: Russos x Franceses*, N. I. Balachov.
31. *O Problema Ocupacional: Implicações Regionais e Urbanas*, Anita Kon.
32. *Relações Literárias e Culturais entre Rússia e Brasil*, Leonid A. Shur.
33. *Jornalismo e Participação*, José Eduardo Faria.
34. *A Arte Poética*, Nicolas Boileau-Despreux (Trad. e Notas de Célia Berrettini).
35. *O Romance Experimental e o Naturalismo no Teatro*, Émile Zola (Trad. e Notas de Célia Berrettini e Italo Caroni).
36. *Duas Farsas: O Embrião do Teatro de Molière*, Célia Berrettini.
37. *A Propósito da Literariedade*, Inês Oseki-Dépré.
38. *Ensaios sobre a Liberdade*, Celso Lafer.
39. *Leão Tolstói*, Máximo Gorki (Trad. de Rubens Pereira dos Santos).
40. *Administração de Empresas: O Comportamento Humano*, Carlos Daniel Coradi.
41. *O Direito da Criança ao Respeito*, Janusz Korczak.
42. *O Mito*, K. K. Ruthven.
43. *O Direito Internacional no Pensamento Judaico*, Prosper Weil.
44. *Diário do Gueto*, Janusz Korczak.
45. *Educação, Teatro e Matemática Medievais*, Luiz Jean Lauand.
46. *Expressionismo*, R. S. Furness.
47. *Xadrez na Idade Média*, Luiz Jean Lauand.
48. *A Dança do Sozinho*, Armindo Trevisan.